こころの対話 25のルール

伊藤 守

講談社+α文庫

文庫版まえがき

「自分の内側をどんな感じでいっぱいにしておきたいか？」と、自分に問いかけてみてください。どんな答えが出てきたでしょうか。そう、つまるところ、わたしたちは安らいでいたいし、ご機嫌でいたいのです。そのほうが体のためにもいいことを知っています。不安や心配、怒りをなんとか回避したいと思っています。

しかし、考えてみれば一年のうち「晴れやかな気持ち」や「おだやかな気持ち」でいられる日なんて、何日あるのでしょうか？　丸一日、そんな気持ちで過ごせたことがありますか？

車の運転もできるし、スキーだってまあまあ滑れる。でも、自分の気持ちは車やスキーほど制御できません。周りの人たちの一挙手一投足に揺れているのが現状です。

では、動じなければいいのかと言えば、動じないように自分を押さえるあまり、ネガティブな感情だけでなく、喜びや楽しさも感じられなくなってしまいます。自分の感じていることを押さえ込まずに、それでいて、できるだけ「いい感じ」でいるのにはどうしたらいいか、わたしはずっと考えています。

最初のうちは自分をコントロールしようと思ったのですが、それはあまりにも困難なので、諦《あきら》めました。そして、他の人とのコミュニケーションというものにもう少し注意を向けて、コミュニケーションを自分の意志でコントロールできるようになったらどうか？　と考えたわけです。同じように、ふだん押さえつけてばかりいる自分の感情や、自分の欲求というものの言い分に少し耳を傾けてみようか、と思いました。

それは、「自分」という抽象的な対象よりも、ずっと手応えのあるものでした。また他人や自分とコミュニケーションがとれるようになることが、自尊心にもつながることに気がつきました。

人はコントロールできる範囲が広がれば広がるほど、自分に対する信頼や自信を手にすることができます。それなら、コミュニケーションは探求し練習するのに十分価値のあるものでしょう。

幸いなことに、本書は単行本として出版されて以来、多くの方に読んでいただき、「自分のコミュニケーションに目が向くようになった」「気が楽になった」といったご感想が寄せられています。このたび文庫になったことにより、さらに多くの方のコミュニケーションの可能性をひらく手がかりとして役立つことを願っています。

最後に、文庫化にあたってお世話になった講談社生活文化局の古屋信吾さん、金子麻美さん、そして楽しいイラストを描いてくださったフジモトマサルさんに心から感謝します。ありがとうございました。

二〇〇〇年九月

伊藤《いとう》 守《まもる》

こころの対話　25のルール◉目次

PART III　自分自身とのコミュニケーション

こころの対話　25のルール

PART Ⅰ あなたは聞いていない

第1章　あなたは聞かれていない。あなたは聞いていない。

よく喫茶店で、二人の人が小さなテーブルをはさんで話しているのを見かけます。二人が向かい合って話をするという、コミュニケーションの原型です。

基本的に、コミュニケーションにおいては、一方が話しているときは、もう一方は、その話を聞く側にまわります。そうして、お互いが「話す」「聞く」の両方の役割を交互にもつことで、コミュニケーションが成り立ちます。

その内容が仕事であれ趣味であれ、コミュニケーションを交わすということは、両者が話し手と聞き手の両方を担うことです。つまり、コミュニケーションは、一方通行ではなく、双方向によって成立するのです。

コミュニケーションが双方向で行われるものであることなど当たり前の話ですが、

この当たり前のことが、実際には行われていないものです。喫茶店の二人をよく見てみればわかります。

コミュニケーションの原則から言えば、どちらか一方が話しているとき、当然もう一方はその話を聞いているはずなのですが、じつは聞いていない。もちろん、本人は聞いているつもりですし、実際、いかにも聞いているような顔はしています。でも、聞いていない。

ほとんどの場合、聞いているような顔をしながら、じつは、次に自分が言うことを考えているのです。ときには、相づちも打つでしょうし、うなずきもするでしょう。でも、頭の中は、次に自分が何を話すかということでいっぱいなのです。そして、いよいよ自分の番がきて、話し出すと、今度は、相手がその話を聞いているような顔をしながら、次に自分が言うことを考え始めるのです。

つまり、二人の間で行われているのはコミュニケーションではなくて、ただただ、「ことばが途切れない」というゲームなのです。なぜか、わたしたちは、ことばが途切れること、お互いの間に沈黙が流れることを極度に恐れる傾向がありますから。

こんな具合ですから、いくら話しても、わたしたちは、なかなか「聞かれた」という感じをもつことができません。そこで、なんとか聞かせようと、どんどんエキセントリックに話し続けることになるのです。もちろん相手も同様です。いくら話しても聞かれないから、負けじと、ますますエキセントリックになっていきます。そうやって、お互いにどんどん、相手の話を聞くどころではなくなっていくのです。

コミュニケーションにおいては、話し手と聞き手が必要で、話し手、聞き手、話し手、聞き手の順番で進んでいかなければならないのに、現実には、話し手、話し手、話し手と、ただ、話し手だけが羅列されていくのです。

コミュニケーションというと、だれもがまず考えるのは、話す能力のことのようです。だれもが、できればよい話し手になりたいと思っています。プレゼンテーションが上手だったり、説得力がある、話題が豊富で相手を飽きさせないようにすることが必要だと思っています。

もちろん、相手の話を聞くことも大切で、聞き上手な人というのが、ほんとうにコミュニケーションの上手な人なんだという考えも、頭の片隅にはあります。でも、いざ、その場になると、聞くことよりも、話すことに注意が向けられていってしまうのです。

……。
っていうか、何ていうかえーっと…、

こうして、わたしたちのコミュニケーション環境においては、「聞き手がいない」という状況が生まれています。お互いが、話し手、聞き手の両方の役割を担ってはじめてコミュニケーションが成り立つにもかかわらず、「聞き手」の役割に価値をおく人がほとんどいないからです。

職場でも、学校でも、家庭でも、病院でも、あなたは、「聞かれていない」し、「聞いていない」のです。

そして、この「聞かれていない」「聞いていない」という状態こそが、わたしたちがかかえるコミュニケーションの問題のほとんどすべてです。と同時に、わたしたちの人生の幸福感を妨げる大きな要因のひとつになっています。

なぜなら、聞かれないということは、単に自分の話を聞かれていないだけでなく、話している自分の存在そのものを否定されたこととして認識されるからです。逆に言えば、聞かないということは、その人の存在を否定することになります。たとえ、あなたにその気がなくても。

途中で口をはさまれたり、コメントされたり、批判されたりせずに、最初から終わりまで、一時間でも二時間でも自分の話を聞いてもらったという経験がある人はまれです。だれかが話すことを最初から終わりまで聞いたという経験のある人もあまりいません。

わたしたちをとりまくコミュニケーションの環境は、いつも忙しく、個人の感情や胸のうちにかかえる疑問や問題に耳を傾けることよりも常に優先するものがあるからです。だから、よほどのこと――病気や事故、避けられない問題と直面することなど――がないかぎり、相手の話に耳を傾ける習慣はないのです。

よく、奥さんから離婚届を突きつけられて、そんなに思っていたのだったら、もっと早く言ってくれればよかったのにと途方にくれている男性の話を耳にしますが、もっと早い時期には、奥さんの話など聞けなかったのでしょう。人は、よほどのことがないかぎり、相手の話を聞きません。そして、たいていは、よほどのことが起こってからでは遅すぎるのです。

中学生に聞いたことがあります。

「きみの家族や先生は、きみの話を聞いてくれる？」

「聞いてくれるときと聞いてくれないときがある」

「どういうこと?」

「親や先生が興味のあることは聞いてくれる」

「どんなこと?」

「勉強のこととか、将来のこととか」

「それ以外は? 君が思っていることや、感じていることは?」

「こっちもうまく話せないし、時間がかかるし」

「それで?」

「やめちゃう」

「そう」


彼らは、自分が話すよりは話を聞く側にまわることのほうが圧倒的に多いものです。授業においてはもちろん、家庭においてもそうなのです。そして、言います。先生の言うことも親の言うことも、みんなもっともだ、だけど、なんとなく「ひとりぼっち」な感じがすると。

大人になってもこの現象に大きな違いはありません。仕事の話、情報の交換、耳寄りな話の類はあふれていますが、それ以外の、とくに個人の脈絡のない思いや感じに耳を傾け、聞く姿勢をもった人に出会うことはほとんどありません。そうして、みな、少しずつ、「ひとりぼっち」になっていくのです。

始まりは、話を聞いてもらえないことでした。しかし、それが繰り返されると、だれでも、自分の存在すべてが受け入れられず、否定されているように感じてしまうのです。そして、常に、心の奥底で、「自分はここにいてもいいんだろうか?」という不安をいだいて生きていくことになってしまうのです。

わたし自身、そんな気持ちを、大人になってからも、幾度となく味わってきました。まわりの人の何気ないことばや振る舞いから、「自分はここにいてもいいんだろうか?」「わたしは、受け入れられていないのではないだろうか?」と不安になりました。

と同時に、そんな不安におびえていることを周囲の人に知られたくないと、無意識の「かまえ」をもちました。そして、気をつけているのです。そういう危険のあるところには行かない、またはじっとしている、そういう状態にならないように周囲に気を遣う……ということを。

あなたのコミュニケーション環境をチェックする

文字どおり、自分の言うことが無視されることだけが、聞かれていないということではありません。単に、無視されたり、文字どおり、ひとりぼっちになってしまうことだけが、人を孤立させていくのではありません。

一見、コミュニケーションが交わされているようでいて、じつは交わされていない、あるいは、交わされれば交わされるほど、人を孤立させていくコミュニケーション（じつは、コミュニケーションではなく、コミュニケーションのようなもの、というべきものなのですが）があります。わたしたちが潜在的にもっている孤立感は、そうしたコミュニケーション環境から生じています。たとえば、次のような状態です。

□一方的に言われてしまう。

□自分の言うことが、まともにとりあげてもらえない。

どうせ子どもの言うことだから、どうせ新人の言うことだから、どうせ女の言うことだから、といった理由で。

□何か言うと、すぐ言い返されてしまう。

□途中で、口をはさまれる。

□話し終わる前に、「そう」とか「わかった」とか「それはだめ」とか返事をされてしまう。

□「それなら、だれそれさんも同じこと言ってたよ」
「そんなこと、みんな知ってるわよ」

「今ごろ、そんなこと言ってるの」などと言われてしまう。

□「あなた、前にも同じこと言ったじゃない」
「いつも、おんなじようなこと言うね」などと言われてしまう。

□「というか、〜ということだろ」と、たいして変わらないのに、必ず、自分の言ったことが言い直されてしまう。

□「要するに」と、自分の話が勝手に要約されてしまう。

□「それは違うよ」「間違ってるよ」と、言下に否定されてしまう。

□返事がない。

たとえば、提案したことが、採用されたのか不採用だったのか、いつになったらわかるのかなどの返答がない。あるいは、情報を知らされない。

□むずかしいことばを大量に遣われてしまう。

□「きみは○○な人だね」と、断定的に言われてしまう。

□「そう」「ふうん」と、納得もしていないのに、適当にうなずかれてしまう。

□毎日、小言を言われる。

□毎日、皮肉を言われる。
　毎日少しずつ自分が否定されるようなことを、長い間言われ続ける。

□うまくいったときでもほめられない。

□職場で、仕事のことしか話せない。
　自分が感じていることなど、個人的なこと、主観的なことは、「そういうことを職場に持ち込むな」とか「仕事に感情を持ち込むな」と抑え込まれてしまう。

□職場に、感情論が横行している。
　まわりに、すぐ感情的になってしまう人がたくさんいる。客観的な話をしようとしても、すぐかっとされたり、むっとされたりして、冷静に聞いてもらえない。

□職場が権威主義的で、目上の人に、自由にものが言えない。

ある意味で、これらは、わたしたちがふつうに行っているコミュニケーションです。あなた自身も無意識のうちに、相手に対してとっているコミュニケーションです。お互いが、無意識のうちに、ときには、意識的に、お互いを孤立させてしまっているのです。

第2章 性格の問題ではありません。ただ、ずっと聞かれてこなかったからです。

あなたは聞かれていないし、聞いていない。そして、そのことが、わたしたちの感情や行動に大きな影響を及ぼしています。

最初は、イライラや焦り。聞かれないでいると、「ここにいてもいいんだろうか」と不安になります。すると、いてもいいんだというのを確立しようと焦るわけです。焦って、何かとてつもないことをしでかして、人の気を引こうとしたり、人と話すときも、その場にそぐわない、どこか浮いた感じの出しゃばった様子になってしまったりします。大人はもちろん、子どもにもよくあることです。

ふつうは、そういう人がいると、出しゃばりね、この人、ということになるわけですが、そういう人には、そうせざるを得ない背景があるということなのです。その人の性格でもなんでもありません。

イライラと焦りの次は、さびしさです。だれかれなく電話したくなる、週刊誌を読んでいないと耐えられない、始終テレビをつけていないではいられない、などなど。

それでも、ひとりにされていると、やがて、慢性的な怒りにとらわれるようになります。いつも、怒りっぽい。だれも自分のことを相手にしていないという思いから、ささいなことで人に絡んだり、逆恨みをしたりします。

次にやってくるのが、「ひとりよがり」な状態です。ひとりよがりな状態になっているときには、ことば遣いですぐわかります。「結局」「どうせ」「やっぱり」。言っていることはそうなんだけれど、だれも聞きたくないような言い回しです。

そして、抑え込まれた敵対心。だれかと話していて、心の中で悪態をついていることはないでしょうか。「ばーか」とか、「趣味わるーい」とか。あるいは、いつも批判していたりします。「ここが間違っている」「こうあるべきだ」「こうするべきだ」云々。

相手とコミュニケーションするなどという状態からはかけ離れ、目の前の人は、ただただ、競争相手か、敵対者となっているとしか思えません。

しかし、怒りや敵対心をいだいている状態は、感情のレベルからすると、じつは、最低というわけではありません。敵対心はやがて、悲しみ、そして、無力感にとって代わられていくのですから。

無力感とは、だれともコミュニケーションを交わすことができない、だれともコミュニケーションを交わすことができないために、何も実現することができないという状態です。もちろん、自分自身とも向き合うことができず、自分とのコミュニケーションもむずかしくなっています。

無力感と言うと、エネルギーが低下して何もする気がなくなっている状態だと思われがちですが、そうではなく、行き場のないエネルギーが凝縮した、一触即発の状態なのです。

だから、無力感に陥っている人は、なんでもやりえます。よくないことを急に始めてしまったり、だれかを傷つけたり、というところに、いついってもおかしくありません。

こうした無力感の次がアパシー、無感覚な状態です。こんどこそ、何も感じなくなってしまいます。この状態にあっても、感情を表すことばを遣うことはあるでしょうが、実際には、自分の体の変化や感情、欲求に気がついていません。つまり、アパシーとは、感情や欲求がなくなってしまうのではなく、それらと自己というものが、分離、分裂している状態です。

怒りっぽい人、何か問題を起こす人、批判的な人、不平や不満の多い人……わたしたちが、あの人はこういう人と決めつけてしまっていることの多くが、ただ、聞かれないという経験が続いているだけのことから、起こってきている状態だということがおわかりでしょう。

自分は聞かれないという経験は、辛く耐えがたいものです。だから、いつしかわたしたちは、人と向かい合うとまず、この人はだいじょうぶだろうか、わたしを傷つけないだろうか、あの苦痛を味わわなくてすむようにしなければならないと、「警戒」するのです。

そうして、相手の敵意を感じないでいられるように、自分の苦痛も感じないでいられるようにと、できるだけ、感じないようにすることで身を守ろうとするのです（このとき、相手の敵意と同時に好意も、自分の苦痛と同時に喜びも、感じとることを放棄してしまうのですが）。

こうして、人との間にも、自分の感情や欲求との間にも溝をつくり、分離、分裂し孤立していきます。

そもそもの始まりは、「聞かれない」ということでした。「聞かれない」ことが、自分と他者との間に精神的な溝をつくり、自分の感情や欲求との間にも溝をつくります。そして、この他者や自分自身との分離や分裂によって生じる「孤立」「ひとりぼっち」という状態に、わたしたちのかかえる問題のほとんどが集約されるのです。

あなたのコミュニケーション行動をチェックする

次のリストは、「聞かれない」という状態が続くことによって現れる、よくないコミュニケーションの症状です。ふつうは、これらのことがあると、性格の問題だとか、もともと、コミュニケーションが下手なのだからしかたないと言ってかたづけられがちです。

でも、これらはすべて、ただ、あなたが、「聞かれていない」ことによって起こる「孤立」という現象です。だれにでも起こりうるコミュニケーション行動です。

□気軽に人を誘えない。
人を誘ったりするとき、私なんかが誘ってもとか、いま忙しいかもしれないとか、断られたらいやだなとか、とにかく、非常に勇気がいる。

□気軽に悩みを話せない。

□異性を目の前にすると、意識してしまって、自由に口がきけなくなってしまう。

□偉そうな人とか、気の強そうな人には、自由にものが言えない。

□自分より立場の弱い人に、必要以上に、威圧的に振る舞ってしまう。

□アイデアがあっても、自分からはなかなか提案できない。

□自分の感情や考えをストレートに表現できない。

こんなことを言ったら、みんなどう思うだろうかとか、浮いてしまわないだろうかとか、気を悪くする人はいないだろうかと考えているうちに、何も言えなくなってしまう。

□人に用事を頼みたくない。

ほんとうは、頼めないのだけれど、できないのではなく、相手も忙しそうだし、自分でやるべきだとか、自分でやったほうがいいからと思い込んでいるのが特徴。

□人に頼まれると、ノーと言えない。

□人に誘われると、いやでもズルズルついて行ってしまう。
断ると、次に誘ってもらえないかもしれないとか、仲間はずれになるかもしれないとか、相手に嫌われるかもしれないという恐怖から、なかなか断れない。で、どうせ行くなら、楽しそうにすればいいものを、どこか、来てやったのにという雰囲気をかもしだしている。

□知らないことがあっても、つい、知っているようなふりをして、話を合わせてしまう。

□自分が困っているときでも、助けてほしいと言えない。
相手を気遣って言わないのだと思い込んでいるが、じつは、もし、助けてもらえなかったら、もっと困った状況になってしまうかもしれないと、恐れているだけ。

□人がほめてくれても、すぐ否定する。
きれいだねと言われても、いやそんなことないわと言い返したり、その服すてきだねと言われても、あら安物よと答えたりして、ありがとうとはなかなか言えない。

□すぐ言い訳してしまう。
人がちょっと否定的なことを言っただけで、すぐ自分が非難されたように感じ、聞かれてもいないのに、くどくどと弁解してしまう。

□不快なことを言われても、そういうことを言わないでくれと言えない。
気がつかないふりをしてニヤニヤ笑っているものの、心の中で復讐《ふくしゅう》を誓っていたりする。

第3章　聞きなさい。最後まで聞きなさい。口でも頭の中でも、批判したり評価したりしないで、聞きなさい。

仕事がら、何人かの人にカウンセリングをすることがあります。もう少し自分を成長させようとか、自分の会社をもっとよくしていこうなどと思う人に対してのカウンセリングです。

しかし、正直言って、非常に忙しく疲れているときなど、あまり気が進まないこともあります。でも、もちろん約束ですし、お金もいただくのですから、どんなときでも一生懸命話します。その人に役に立ちそうな話をできるだけたくさん用意して、これでもか、これでもかとばかりに。ほんとうにいい話で、自分で話しながらほれぼれしてしまうくらいに話します。

ところが、そうやって話し終わったあと、どうですか？　と聞くと、たいていの方が、「いやー、もう少しお話を伺いたかった」などと言って、少々不満そうに帰るんです。どうして、人は、こんなにたくさんいい話をしても、ちっともほんとうには聞かないんだろうと、わたしは思っていました。

あるとき、スケジューリングの手違いで、地方の講演から帰ったその足で、カウンセリングのクライアントを迎えなければならないということがありました。ほんとうにその日は、さすがのわたしも口をきく気がしないほど疲れ果てていたうえに、準備も何もしてありません。

でも、こちらからお断りするわけにもいかず、ちょっと失礼して、わたしは、コーヒーをいただきながら、彼と向かい合い、「どうしたんですか?」と尋ねました。

すると、彼はいろいろ話し始めました。ふだんのわたしだったら、それはちょっと、などと口をはさみたくなるようなところもありましたが、なにしろ疲れ果てていたものですから、ずっと黙って聞いていました。わたしが口にしたのは、「へー」、「それで」、「それから」、「なるほど」、「たいへんですね」などといった、間投詞と接続詞だけです。

そうこうしているうちに、約束の一時間が経ちました。わたしは申し訳なくて、次回、もう一度改めて時間を取り直すと彼に提案しようとしました。ところが、彼の顔を見るとじつに満足そうなのです。そして、こう言うのです。

「今日はほんとうにありがとうございました。いいお話を伺って、もやもやしていたことがはっきりしました」と。

わたしは何も話さなかったというのに！

だれも人の話なんて聞きたいとは思っていないんだと、そのとき、身に沁《し》みて感じました。ただ、聞いてほしいんだ、自分の話を聞いてほしいんだと。でも、聞いてくれる人がだれもいない。みんなが、人の話を聞くより、自分の話を聞いてほしいと思っているわけですから、聞いてくれる人がいるわけがないのです。自分が聞かないがゆえに、自分のまわりの人たちがどんどん自己疎外に陥っているということを重々承知していながら、聞くゆとりがないのです。

あんなに愛する子どもの話だって、聞かないのですから。妻や夫や親の話だって、「それ、前に聞いた」などと言ってしまうのですから。

わたしたちは、自分が聞けない状態にいるということがいかに危機的な状態か、という危機感さえもつことなく、聞くことを放棄しています。そして、「ひとりぼっちの集団」ができていくのです。都会も地方も変わらない。今も昔も変わらない。

またゆっくり話そうね。

田舎の人たちはみんな仲がいい、昔の人はみんな相手の話を聞いた、なんてことはありません。聞き手がいないという現実に関しては何も変わっていないのです。

だからこそ、一時間、ただ話を聞いてあげただけのクライアントが、あれほどまでに生き生きとした表情を見せたのだと思います。

あなたは、ただ相手を聞くだけでいいんです。愚痴でもなんでもいいんです。悪口でもなんでもいいんです。でも最後まで聞くんです。

もし、相手があなたにとことん聞かれたと感じたとしたら、その経験は、その人のこれからの人生を変えないではいないことでしょう。

そして、あなた自身のこれからの人生もまた、変えないではいないのです。

第4章 聞きなさい。
相手を変えるためではなく、あなたのコミュニケーション環境を変えていくために。

今日こそは、相手の話をちゃんと聞こう、そう思っていたとしても、その場になると、つい、相手を聞くより、いかに自分がそのことをよく知っているか、いかにうまいことを言うか、相手に誤解されないようにするか、いかに賢そうに見せるか、どれだけ友だちがいるか等々、そういう自分をアピールせずにはいられません。

それが相手と自分の関係にとってよいものではないとわかっていながら、気がつくと勝ち負けに夢中になってしまっています。

コミュニケーションの目的が、相手に勝つこと、相手よりも優秀であること、相手よりも知識があること、相手よりも自分のほうがわかっていることを示すということになってしまうのです。

それがいい結果をもたらさないことは承知していながら、自分をアピールすることにこだわってしまいます。

そのこだわりの背景には、漠然とした自信のなさ、不安、そして、自分の言うことを最後まで聞いてもらった体験の希薄さがあります。そして、

「自分はここにいていいんだろうか?」

「自分はほんとうに必要な存在なんだろうか?」

「自分には愛される資格があるのだろうか?」

というこれまでの経験からくる疑いがあります。疑いが自分に向けられているのですから、不安であるに違いありません。であればこそ、人は、その疑いを打ち消すために、駆り立てられるように、自己アピールを続けるのです。

つまり、聞かれていないというところから生じた問題が、また聞かれていないというところに循環していくのです。お互いが、お互い自身を傷つけるコミュニケーション環境をつくりあげてしまっているのです。

だから、あなたには、聞いてほしいんです。いくら自分が聞いても、相手が自分のことをいつまでたっても聞いてくれなかったら損してしまうって? そんなことはありません。

相手のためというより、あなたのまわりのコミュニケーション環境を変えていくために、聞くのです。聞かれないという悪循環の場を、互いが聞く場へと変えていくのです。

あなたには、それができます。ただ、あなたから聞くだけで。

聞くという行為の能動性について、カール・ロジャースという心理学者は、アクティヴ・リスニングということばを用いました。積極的に聞き出すことが、相手を活性化させると、彼は言っています。

聞くという行為は、どこか受け身の、弱い立場に回ることのように思われがちですが、じつはそれは、非常に力強い、能動的な行為なのです。

あるとき、わたしが主催するコミュニケーション・セミナーに、大きなコンピューター会社の部長さんが参加されました。セミナー中から、腕は組んでいるし、足も組んでいる。わたしが話しているときも、下を向いて目をつむり、聞いているのかいないのかわからない。

何か発言するかと思えば、悪口ばかり。正直言って、主催する側としては、厄介な参加者でした。

　向こうもそう思っていたのかもしれないなどと思っていましたら、二週間ほどして、ぜひ会いたいという電話がかかってきました。わたしは会いたくはなかった。どうせ、文句のひとつやふたつを言いに来るんでしょうから。でも、断りきれず、とうとうお会いすることになりました。

　当日、覚悟して、招き入れると、彼は、わたしのほうにつかつかと近寄って、いきなりわたしの手を握りしめて、「伊藤さん、ほんとうにセミナーよかったです」と言うんです。彼が言うには、セミナーのあと、何十人もいる部下をひとりずつ自分の部屋に呼び寄せて、彼らの話を聞いたそうなのです。

　内心ぎょっとしました。彼の部下の方々に同情したのです。彼は、まるでわたしの心を見透かしたかのように、「だいじょうぶ、あなたの心配しているようなことはしませんでしたよ」と言いました。

「どういうふうに聞いたんですか」

「最初から終わりまで聞きました。決して途中で口をはさみませんでしたよ」

「ほう、それで？」

「途中で頭にくることがありました。でも、ぐっと抑えて聞きました」

「偉いですね」

「そうでしょう！」

（いくつになっても、ほめられるのはうれしいもののようです）

「で、何を聞いたんですか？」

「いまの仕事について、また、上司である自分について、思っていることを何でも言ってくれと言ったんです」

「みんな、ほんとうのことなんか言わないでしょう？」

「最初はね、きれいごとばかり言いますよ。たいへんけっこうな会社ですとか、上司にも恵まれていますとか。だから、それはわかった、わかったからほんとうに思っていることを言ってくれ。だいじょうぶ、査定には絶対にひびかせない。ただ一対一できみの思っていることを聞かせてほしいんだ、と一生懸命説得したんですよ」

「それで、どうなりました？」

「するとね、みんな、いいんですか？　って言うんですね。じゃあ言います、とかね。やっぱりあるんですよ、いろいろ……」

　結局、短い人でも二十分、長い人で二時間も話したそうです。その間、彼は、「何を言っているんだ、こいつは。ただただ会社に来て、ぶらぶらしているだけのくせ

に！」とか、

「何を生意気な！」とか、怒りが下のほうから昇ってくるのを感じたそうです。

こめかみがピクピクしたり、顔が赤くなったり青くなったり、血圧が上がっているのもわかったし、血管が切れるとはこういう感じなのかと思ったそうです。

それでも、彼は、最後まで聞きました。セミナーの中で学んだこと、つまり、「しかし」とか「でも」といったことばをはさまずに、ただ、「それで？」「それから？」と繰り返すことを続けて。

中には、ひどいものもあったそうです。二十歳そこそこの女性の新入社員で、彼が、「何でも話してください」と言うと、「何でもいいんですかあ？　じゃあ言います」。

「どうぞ」

「あの、いっしょにいて気持ち悪い」

彼は、何を言っているんだ、そんな話じゃあないと思ったけれども、話を聞くというのは、基本的に自分の知らない領域に触れるという意味があるわけですから、たとえ、気持ち悪いということにも、当然自分のほうから窓口を開けて聞いていく必要があると殊勝にも考えて、ショックを堪えて聞き返したそうです。

「どういうところが気持ち悪いの？」

「育毛剤の匂い。頭叩いているんでしょう？　トントンって」

　こういった具合に、彼が想像していた以上に、いろいろなことがあったようなのですが、でも、「全部聞いてどうでしたか？」と、改めて尋ねると、彼は、真剣な眼差しで言いました。

「まだ、生きています、ほら」

「そのようですね」

「わたしはこれまで、自分について何か言われるようなことがあれば、きっと会社にいづらくなるだろうし、家族ともいっしょにいられなくなると思っていました。もしかしたら、自分が嫌われていることが明らかになってしまうかもしれない。そんなことをわざわざ自分から聞き出すなんて、思いも寄りませんでした」

「それで」

「全部聞いて、かつて経験したことがないほど、自分に対する自信がわいてきました。人に向かって、とやかくしゃべっているうちは、どこか不安でしたが、全部聞き終わってしまったら、自分に対する信頼の度合いがまるで変わったんです」

もうひとつ、それ以来、社員の働き具合が変わったそうです。ああしろこうしろと、言ってるうちは、どうしてそれをやらなきゃいけないんだなどと言っていたのに、全部聞いてもらったら、自発的に掃除をし始めたり、お茶を入れたり、社員の間に思いがけない態度の変化が現れてきたそうです。

最後に、それまで、莫大な費用をかけてモラルサーベイ(勤労意欲調査)をしても、結局のところよくつかめなかった社員の意識、考えていることがよくわかって、何百万円も浮きましたよ、と彼は笑顔で言って、帰っていきました。

相手の話を聞く、相手に話させるというのが、コミュニケーションの基本的なスターターです。わたしたちは、人とコミュニケーションを交わす際、何か話しかけなければいけない、何か気のきいたことを話さなければいけない、相手が飽きてしまわないような話題を提供しなければいけないというところから、一歩も動こうとしません。

でも、相手はどんなことを感じているのだろうか、相手はどう思っているんだろう、相手のその主観的な情報を聞いてみたい、聞いてみようとするところに、コミュ

ニケーションのスターターが存在します。

コミュニケーションは、いうまでもなく、あなたひとりで成り立つものではありません。自分だけを変えようとすることも、相手に変わることを強要することもできません。ただ、あなたは、あなたから聞いて、相手を理解してみようとすることによって、あなたのまわりのコミュニケーション環境を変えていくことができます。それは、この部長さんのように、あなたに想像もしなかった自信を与えてくれるのです。

第5章　聞くとは、互いに同じビジョンを共有していくこと。

「聞く」という話をすると、多くの人が「わたしはよく人の話を聞いています」と言います（そのわりには、聞かれていないと感じている人が多すぎると思うのですが）。確かに、鼓膜が揺れているというかぎりにおいては、聞いているのでしょう。

中には、相手が言ったことばを復唱できるほどに聞いている人もいるかもしれません。でも、相手のことばを復唱できたとしても、そのことばによって表現されている事物を、もし、互いに絵に描いてみるとしたら、おそらく、できあがった絵は、大きく違っていることでしょう。

もし、それを、においや音や触感でも再現できたとしたら、まったく違ったものとなっているはずです。

ことばというのは、単なる媒体です。自分が言いたいことを表現する手段です。その「言いたいこと」を受け取らないかぎり、たとえ、ことばを理解したとしても、聞いたことにはならないのです。

わたしたちの日常の会話は、一般的不協和音と呼ばれています。一見、話が嚙み合っているようでいて、じつはずれている。きれいな和音にはなっていない。というのも、人は、同じことばを遣っていても、それぞれ違うことを思っているからです。

ことばというのは、ひとつのシンボルであって、その下にたくさんの意味がついています。その意味は、人によって違うのです。その部分を理解し合わないかぎり、互いの言いたいことを伝え合うことはできません。そして、その部分をはっきりさせ、互いに同じビジョンを共有していくことが、コミュニケーションであり、「聞く」という行為なのです。

たとえば、ふたりの人が話していて、一方が、「山って、好きだな」と言ったとします。もう一方も、「そう、心が安らぐね」と答えたとします。この場合、ふたりは、ほんとうに同じ山について話しているのかと言うと、そうとはかぎりません。

一方は、マッターホルンのような険しい山を意図し、もう一方は、東北地方のなだらかな山脈をイメージしているかもしれないからです。この場合、「同じビジョンを共有していく」というのは、どういうことでしょうか？

それは、一方が自分のイメージを捨て、相手のもつ山のイメージに合わせることでも、両者が妥協して、中間的な山のイメージをもつことでもありません。両者がいったん、互いに相手の山のイメージをもつこと、それが、同じビジョンを共有していくということです。

別に、自分の山のイメージを捨てる必要はなくて、ただ、相手のビジョンももってみるのです。議論は、それからです。

こうして書くと、当たり前のことのようですが、実際のコミュニケーションの場では、この当たり前のことが行われず、双方別々のビジョンをもったままで、コミュニケーションが進行されることから、多くのトラブルが生じていくのです。

あるとき、会社の出版事業のスタッフと、次に出す本の打ち合わせをしていたときのことです。ツーカーといった具合に、とんとん拍子に話は進んでいたのですが、表紙の色をどうするかというところで、意見がまったく噛み合わなくなりました。

「深いグリーンなんて、どうかな」と、わたしが言うと、彼女は、「ええ？　だめで

そろそろ雪どけですかね。
いえいえ、もう新緑のシーズンで…。

すよ、そんな色」と、ぴしゃりとはねつけてきたんです。

その言い方に、少々カチンときながらも、まあ、彼女はいつものことだと思い直して、冷静にもう一度、言ってみました。

「どうして？　斬新でいいんじゃないの？」

「グリーンなんて、伊藤さん、趣味悪いんじゃないですか！」

まるで、グリーンを好きなだけで、全人格を否定するような言い方です。じつは、わたしもそれほど、グリーンにこだわっていたわけではなくて、ただ、ふと思いついたから言っただけだったのですが、こうなってくると、どうしてもグリーンでなければいけないような気になってきてしまいました。で、多少、語気を荒立てて言いました。

「じゃあ、きみはどういう色がいいんだい」

「別に、とくにこだわってはいませんが、とにかく、グリーンはいただけません」

とくにアイデアもないのに、ケチだけつけるわけかと、わたしはますますむっとして、次第にけんか腰になり、彼女のほうも、「だいたい、伊藤さんは何でも自分で決めて。だったら、自分でやればいいじゃないんですか」といった具合で、話はいつのまにか表紙の色のことなど、ふっとんで、いかにお互い仕事がやりにくいか、ということになってしまいました。

お互い、やっぱりこの人とは、これ以上いっしょに仕事をするのはむずかしい、そういうところまで、もうあと一歩というとき、ふと、我に返りました。彼女も、そうだったようです。

コミュニケーションの仕事をしているというのに、こんなことで、けんか別れになってしまうなんて、つまらないじゃないか、お互いにそう思えてきたのです。

で、わたしは、少し息を整えてから、彼女に聞いてみました。

「どうして、グリーンが嫌いなの？」

「そう、じつは、わたしも、どうして、こんなに嫌いなんだろうって、自分でも不思議で、いま、考えていたところだったんです」

「で？」

「小学校の図工の時間に、ポスターを描いていたんですね。東京オリンピックのポスター。わたし、わりと絵は得意で、賞状とかよくもらって自信もっていたんですけど、そのとき、新しく担任になった先生が、わたしの描いている絵を見て、言ったんです。

『そのグリーンよくないわよ、バックにグリーンは使わないほうがいいわ』って。

わたしなりに、配色を考えていたのに。なんだか、すごくショックで、それ以来、自然とグリーンを避けるようになっていたのかもしれないないなって」

「そう。そうだったのか。そんなことがあったのか……」

小学生の彼女が、グリーンという色を否定されたときの光景を、わたしもその場にいて、見ているように感じました。そうか、そうだったのか、と何度も思いました。

少しして、彼女が聞いてきました。

「伊藤さんは、どうして、グリーンがいいって思ったんですか?」

「まだ、学校出たてのころね、はじめての海外出張で、ひとりでビルマまで行ったことがあったんだ。平気な顔してたけど、やっぱり心細くてね。おまけに、仕事もスイスイとはいかなくて、ずっと張り詰めていた。で、唯一ほっとするのが、ホテルに帰ってきたときでね、小さなホテルだったけど、とても温かい感じのところだった。

二晩も過ごすと、その部屋に戻るだけで、なんだか、すごく慰められる感じがしたんだ。で、そのホテルの壁紙が、すごく深いグリーンだったんだよ。

最初は、なんて色だろうと思ったんだけど、毎晩、ベッドにひっくり返って、そのグリーンの壁紙を見ていたら、そのグリーンに気持ちがなじんできて、そのうち、『よし、明日も頑張ろう』って、そう思えてきたんだ。そして、あのときの自分をね、同じようなグリーンを見ると、思い出すんだよ」

「そうか、そうだったんですか……」

しばらく、お互いに声が出ませんでした。黙って、ホテルの壁のグリーンのイメージを共有していたのです。

結局、当の本の表紙の色は、さわやかなスカイブルーになりました。でも、その日、わたしたちが共有していたのは、互いのグリーンに対するイメージだけでなく、生きている、リアルなお互いであり、「いまここ」という瞬間だったと思うのです。

相手の話を聞くことを、最終的には、相手を受け入れることだとか、相手の希望をかなえることだと思っているから聞けないのです。

相手が言いたいことについて、相手と同じビジョンをもっていくこと――それが、「聞く」ということです。両者が互いに、相手と同じビジョンを共有できたとき、ふたりははじめて同じ地点に立てるのですから。

そして、たとえ、そのビジョンに自分は賛成できないとしても、相手と同じ「いまここ」という瞬間を共有していることの喜びを感じるのです。

その後の議論なんて、わたしにとっては、じつはどうでもいい、相手と同じビジョンをもっていく過程、そして、それをもてたとお互いに実感する瞬間こそが、わたしにとってなによりの、コミュニケーションの醍醐味《だいごみ》なのです。

第6章 あなたが聞いているのは、相手のことばではなく、そのことばに与えているあなた自身の解釈。

一般的不協和音について、もう少しお話ししましょう。

数年前のことになりますが、ある会社の新入社員研修として、リラックスについての講演を行ったことがあります。担当者が、数百人の新入社員にわたしを紹介して言ったことばは次のようなものでした。

「では、これから、伊藤先生に、リラックスについてお話ししていただきます。みんな、頑張って、リラックスを習うように」

その瞬間、それまで比較的リラックスしていた社員にまで、緊張が走ったのがはっきりと見てとれました。「頑張って」ということばは明らかに「リラックス」とは矛盾します。

そして、それは、「いまは、おまえはまだ十分じゃない」というメッセージとして、受け取られるのです。

たとえ、言う側にその意図がないとしても、それらのことばのあとに続く、陰のことばが存在するからです。

わたしたちはよく、相手を励まそうとする際に、「頑張って」とか「リラックスして」「しっかりして」「安心して」などと、何気なく言います。でも、それらが相手に伝えるものは、じつは、「いまは十分じゃないから、もっとやらなければいけない」「このままではだめだ」というメッセージだということをご存じでしょうか？

わたしたちは、それらのことばを遣うことによって知らず知らずのうちに、相手を緊張させ、失敗させてしまっているのです。

それらのことばのあとに続く陰のことば――意味づけが、わたしたちが潜在的にもつ「自己否定」を刺激するからです。

「自己否定」というと、疑問に思う方もいるかもしれませんが、たとえば、自分のことを「いまのままで十分だ」と思っている人はまれです。それより、「もっとよくならなければならない」と思っているのがふつうです。

もちろん、「いまのままで十分だ」と思い込もうとしている人はたくさんいますが、そう思い込もうとすること自体、ほんとうは、いまの自分に満足していないがゆえのことです。
「人間は満足してしまったらおしまいだ」という誤った信念に振り回されている人もいます。満足して、いまの自分を肯定してしまったら、人は成長できないと思い込んでいるのです。

これが、「自己否定」と呼ばれるものです。「わたしは完全ではない」「わたしは今のままでは十分ではない」「わたしは人に愛される資格をまだ満たしていない」……。「自己否定」という感情や思考を生み出すのは、これらの信じ込みです。

しかし、わたしたちはこれまで、「子どものくせに」「まだ早い」「何も知らないくせに」「そのうちわかるようになるよ」といったことばをどれだけ聞かされてきたことでしょう。

考えてみれば、わたしたちが受けてきた教育とは、いまの完全さを知るためのものではなく、努力を重ねて完全になっていくという認識をわたしたちに植え付けるためのものであったように思います。

もちろん、教育が「自己否定」のすべての原因だとは思いませんが、育ってくる過程の中で、いまの自分のすばらしさやいまの自分の完全さを実感するよりは、いまの自分のいたらなさや未熟さを経験するときのほうが多かったように思うのです。

だれかと話していても、人と関わっている喜びを体験するよりは、自分の「足りない部分」を刺激されているような気持ちになったり、ひとりでいるときですら、何もしないでいようものなら、そのことに対して少しの罪悪感を感じないではいられないようになっているように思うのです。

こうして、わたしたちは知らず知らずのうちに、「自己否定」をかかえ込んできました。「自己否定」が強くなればなるほど、少しでもそれを刺激するものに対して過敏になります。

つまり、相手の何気ないことばにも、自分を否定されたような感情をいだきやすくなります。「自己否定」というフィルターを通して相手の話を聞くわけですから、相手のことばをそのままには聞けなくなるのです。

どちらかというと、相手の言うことに懐疑的になるでしょうし、コミュニケーションを交わしながら、内容とは別に、なんとか「自己否定」をくつがえそうと、そのコミュニケーションの裏で、相手に自分を認めさせたり、相手から同情を引いたりといった形で、相手をコントロールし、自分を肯定させようとする企てが働いてしまいがちです。

それらの無意識の企てが、コミュニケーションを複雑にし、コミュニケーションを交わすことから生まれるはずの満足感をわたしたちから奪っていくのです。

「自己否定」にとらわれてしまっている人のコミュニケーションとは、相手に自分を認めさせることです。だから、相手が自分を認めたときだけ、いい気分になり、相手が自分を認めなかったり、同情しなかったりすると、たちまち、不快になってしまいます。

それればかりか、自分でも気がつかないうちに、自分の「自己否定」を刺激され、それが原因とは知らずに、相手を毛嫌いしていることも珍しくありません。

三十代半ばの未婚の女性に、ジーンズとシャツの着こなしがとてもスマートでよかったので、「ボーイッシュでいいねえ」とほめたことがありました。ところが、その人は、きっとわたしをにらみつけて言いました。

「それって、女らしさに欠けるっていう意味ですか？ だから、結婚できないって言いたいんでしょう！」

人は、ことばそのものや、相手がどのような意味を込めてそのことばを遣っているかにはおかまいなしに、そのことばに自分が加えている解釈に反応します。だから、

たとえば、好意のつもりで口にしたほめことばが、相手を怒らせてしまったりするのです。

さらに、やっかいなのは、自分が加えている解釈の内容を、自分でもよく知らない場合が多いことです。わたしたちは、無意識のうちに、自分が事物に加えている解釈に振り回されているのです。

さて、わたしたちが反応しているのは、相手のことばだけではありません。相手の視線や表情、立ち居振る舞い、すべてに反応します。それが、相手の意図と一致した反応だったらいいのですが、ほとんどの場合、自分の勝手な解釈に反応しています。

あるとき、会社でスタッフと次々に打ち合わせをしているうちに、みんなのようすがおかしいことに気がつきました。なんとなく、どこかびくびくした感じです。妙に、けんか腰になってくるスタッフもいました。

どうしたんだろう、何かよからぬことがわたしの知らない間に起こっているのだろうかと、疑いと怒りがわいてきました。なにしろ、わたし自身、その日は明け方から激しい歯痛に悩まされ、ろくに眠っていませんでしたし、もちろん、歯の痛みも続いていました。わたし自身、あまり余裕のある状態とはいえなかったからです。

と、そこまできて、はっとしました。スタッフのわたしに対するようすがおかしかった原因がわかりました。原因は、わたしの表情にあったのです。

たとえば、だれかがあなたと話していて不快そうな顔をしていた場合、その解釈と反応は、人によって違います。

ある人は、「この人、わたしの前にだれかとけんかしたのかしら」と思うかもしれないし、ある人は、「わたしのことを怒っているのかしら」と思うかもしれない。「嫌われている」とか「あっちへ行ってくれと言ってるんだな」と解釈する人もいるでしょう。

でも、共通するのは、「どうして、不快そうな顔をしているのか、聞いてみよう」とは、なかなか思わないということです。わたしの会社のスタッフですら、だれひとり、「伊藤さん、どうしたんですか？　何をそう不快そうな顔をしているんですか？」とは、聞いてきませんでしたから。

相手が自分の子どもだったりしたら、余裕をもって、「どうしたの？」と聞けるのでしょうが、たいていの場合、「自己否定」、つまり、自分のことを不快に思っているに違いない、という勝手な解釈が先に立ってしまって、とても聞けないのです。

こうして、もし、「どうしたんですか？」と聞きさえすれば、その原因が歯が痛いことにあって、自分のせいではないんだということがわかるのに、それをしないいま、その人との不快なコミュニケーションを続けていくことになるのです。
そして、その人に対する打ち解けない感じは、おそらく、そのときの誤解が解けるまで、ずっと続くことになるのです。

わたしたちは、ことばや表情など、そのままを受け取っているのではなく、それらに対するわたしたち自身の解釈を受け取り、それに、影響されているのです。これが、一般的不協和音と呼ばれるものです。
その不協和音を美しい和音にしていくためにできるのは、前の章で述べたわたしと出版スタッフとのグリーンについての例のように、

自分の解釈は、ひとまず、脇において、相手がどういう意味で、そのことばや表情を示しているのかを聞いていくことです。聞いていく過程で、はじめて、自分がそれに対してもっていた意味づけ、解釈にも気がつきます。

「頑張って」と言われたら、「ありがとう」と答えながら、内心、「いまのままではだ

歯が痛そうに見えるけどどうしたの？
歯が痛いの！

めだ」という思いを確認するのではなく、「どの部分を?」とか「どんなふうに」と聞いていけばいいのです。その過程で、ただ、両者の間を両者それぞれの勝手な解釈とともに行き交っていた「頑張って」ということばが、リアリティをもってきます。

ひょっとしたら、実際、改めるべき役に立つ情報を相手から得られるかもしれないし、「自己否定」とは無縁の、相手の励ましの心を素直に感じ取れるのかもしれない。そうして、コミュニケーションが始まるのです。

それから、もうひとつ、自分の発していることばやしぐさが、どういう解釈を相手に与えがちかということを最低限知っておく必要はあるでしょう。

たとえば、先にあげた歯が痛いの例では、ふつうは、たとえ理由はどうであれ、不快な表情を相手に見せたら、相手に誤解されるのを知っていますから、不快な顔は相手に見せまいとがまんすべきだったのでしょう。

同様に、一般に、人の自己否定を刺激することばがあるということを知っておく必要があるのです。それは、「いまのことばは、どういうふうに感じた?」とか「こういう意味で言ったのですが、伝わりましたか?」などと、ときどき、相手に尋ねてみることで、次第にわかってくるはずです。

第7章　聞きなさい。相手のビジョンが見えて、聞こえて、触《さわ》れて、味わえるまで。

よく、うまくいっていない友人や職場の人を、どうやって励ましたらいいかという質問を受けますが、あなたにできることは、その人を聞いてあげることだけです。

もっともいけないのは、忠告やアドバイスやコメント、そして、一方的に頑張りなさいという激励をおくることです。相手を聞くことこそ、最大の励ましであり、勇気づけです。

ところが、ここに、少し問題があります。いくらあなたが聞こうと思っても、人はうまくいっていないとき、なかなか口を開こうとはしないものだからです。どうせ、自分の言うことは聞いてもらえない、わかってもらえない、しょせん人はひとりぼっち、そう思い込んでいるからです。実際、そういう状態にあるときを、うまくいっていないときというのですから。

さらに、言いたくても、自分が何を考え、何を感じているのかを察知できない状態にあることも少なくありません。言いたくても自分でもわからないでいるのです。

というのも、人間の頭の中は、実際にしゃべるときの二十倍から三十倍のスピードで言語が動いているからです。言語といっても、ふつうのことばとは少し違って、ビジョンやバイブレーションのような形をとる言語で、それらは、話すことばのスピードに落とさないかぎり、本人にもはっきりとは認識できないのです。

わたしたちは、よく、なんとなくとか、もやもやしているとか、自分でもよくわからないとか言いますが、もやもやしてわからなくて当然なのです。

ところが、そのもやもやした状態は、だれかに聞いてもらい、少しずつ話していくことによって、認識可能な日常のことばとなり、自分の考えていること、感じていることがはっきりしてきます。そして、それを行うのが、「聞く」という行為なのです。

カウンセリングというのは、まさに、この行為で、カウンセラーは、本来、聞くことのプロであるはずなのですが、すべてのカウンセラーが、それに成功しているとはかぎりません。よく陥ってしまいがちなのが、クライアントの話を聞きながら、つい、「これは、どのケースなんだろう?」と考えてしまうことです。そして、「この人は、軽い不安神経症だ」などとレッテルを貼って、自分が安心してしまうことです。

さらに、それがいけないことだと自分でもわかっていますから、「いけない、いけない。目の前のこの人のことを聞かなければ」と考えますが、そう思えば思うほど、「聞かなければいけない」という考えの中にはまり込んでしまうばかりで、当の目の前のクライアントを感じることができなくなっていってしまうのです。

これは、一部のカウンセラーにかぎったことではありません。人の話を聞こうとする人のすべてが、多かれ少なかれ、経験することです。

わたしたちは、物事を聞きたいように聞いて、見たいように見る傾向があります。適度に削除し、多少歪めて、「要するに、こういうこと」といった具合に、小さく囲ってしまいがちです。

おおむね、相手の話していることは、自分の経験に照らし合わせて聞くものです。まったく聞いたこともなければ見たこともない、自分が経験したことのないことは、たとえ耳に入ったとしても、何の引っかかりもないために、ほとんど聞き逃されてしまいます。

信じられないかもしれませんが、わたしたちは、知っていることしか知りたがらない。知らないということを知らないものなのです。ですから、相手を自分の経験に照らし合わせてカテゴライズし、相手の話を勝手に解釈してしまうというのは、ごく日常的に行われていることなのです。

さて、多くの優秀なカウンセラーは、相手をケースに分類したり、自分の解釈をコメントしたりすることなく、相手のビジョンを自分も見て、感じられるまで、聞き続けます。その過程の中で、クライアントが、自分の考えていること、感じていることに、自分で気がついていくのを知っているからです。

相手のビジョンを感じるためには、細かく聞いていく必要があります。たとえば、「さびしい」と言われれば、わかったような気になってしまうものですが、前の章でもお話ししたように、さびしいということばの下についている意味は、人によって、まったく違うのです。少なくとも、あなたの「さびしさ」と同じではないのです。

そして、ここでは、あなたの「さびしさ」の解釈は、どうでもいいのです。だから、自分のさびしさの解釈は脇において、相手のさびしさを感じるために、細かく細かく聞いていく必要があるのです。

たとえば、それは、どんな色で、どんな温度のさびしさなのか、体のどこにいちばん感じるのかとか、そのとき、指やおなかはどんな感じなのかとか。あるいは、どんな音が聞こえてくるか、だれのどんな声が聞こえてくるか、音楽は？　においは？

……etc.

おそらく、どこまで聞いていっても、完全に、相手のさびしさそのものを感じることはできないでしょう。でも、かなり近いビジョンをもつことは可能です。そして、その共通のビジョンがもてたとき、相手は、自分で自分の求めていた答えを見つけていくものなのです。

相手のビジョンを見て、聞いて、触れて、味わうことができるまで聞いていくのは、確かに、時間のかかることです。でも、わたし自身、カウンセリングやスタッフとのミーティングをしていて、気がつきました。相手のビジョンを聞き出すのに三十分かかっても、その後、わたしのビジョンを相手に伝えるのには、ものの五分もかからない。ほとんど、一言で通じてしまうことも少なくないのです。

それは、相手がまず、自分のビジョンを知ってもらうことによって「安心」し、その安心感の土台に立って、わたしのビジョンをもとうとするからでしょう。

実際、わたしたちは、かなり正確に素早く、相手のビジョンをもつことができま

す。それだけの「感受性」をもっています。でも、安心感のない状態では、自分を守ることに精いっぱいで、相手のビジョンをとらえようとすることができません。

もし、相手のビジョンを自分ももってしまったら、自分というものが損なわれてしまう、相手の言いなりになってしまう、と思い込んでいるからです。だから、相手のビジョンを感じなくてすむように、感受性を抑圧し、相手への関心を抑圧しているのです。


現在、わたしのカウンセリングを四回受けたあるビジネスマンは、先日こんなふうに言っていました。

「正直言って、問題がまだ解決されているわけではないし、まだ、自分でもはっきりどうしたらいいのか自信がもてないでいます。でも、自分ではどこがどう変わったかわからないのですが、まわりの人が、いろいろわたしに相談ごとをもちかけてくるようになってきたんです。いい答えをしてあげることはできないけれど、でも、その一つひとつに共感できるんです」

後の章で、詳しく述べますが、「共感」は、「人への関心」の中で生まれます。そして、その関心は、わたしたちがどのくらい「安心」しているかに規定されます。実際、不安の中では、人に関心をもっていくゆとりなどもちにくいことは、想像に難くないでしょう。そして、相手への関心なしに交わすコミュニケーションはつらいものです。少なくとも、喜びの伴うコミュニケーションは期待できません。

「人への関心」の度合いは、「安心感」の大きさに比例するのです。そして、聞く能力、つまりコミュニケーションの能力は、「人への関心」の度合いに比例しているのです。

第8章 あなたがなんと思おうと、わたしたちは関わりの中に生きている。

わたしは、幼稚園の入園試験のとき、それまで出会ったこともない、おしゃまなガキどもに圧倒され、不覚にも泣き出してしまい、試験に落ちました。

親はといえば、わたしを訓練していなかったのが原因と、それっきりにしてしまい、わたしはそのまま幼稚園には行かなかったのです。

それでも、祖父は、幼稚園児が持つようなバッグとお弁当箱を買ってくれました。わたしは、幼稚園へなど行きもしないのに、ちゃんとお弁当を作ってもらい、それをバッグに入れて、近所の同じような境遇にあるお友だちや、わたしの大好きな中学生たち（わたしはそのころから、どちらかというと、同い年の友だちより、中学生ぐらいのお友だちのほうが好きでした）のあとをついて回っていました。

そのころの、近所の子どもたちの関心事といえば、「お弁当開き」。要するに、だれかの家で、いっしょにお弁当を食べることが流行っていたのです。

その日も、だれからともなく言い始めました。

「お弁当開きしようか」

「しよう、しよう」

「O君の家で」

「じゃ、お弁当、作ってもらってくる」

わたしは、家にとんで帰り、祖母にお弁当を作ってもらいました。台所で、祖母が弁当箱に、ご飯やおかずを詰めている間中、わたしは、ずっとそばを離れずに、見守っていました。そして、できあがると、ハンカチに包んでもらい、例のバッグに入れて、それを肩にかけてもらい、O君の家へと走りだしたのでありました。

さて、O君の家に着くなり、わたしは叫びました。

「O君、O君、お弁当、持ってきた〜！」

いつもなら、その家のお母さんか本人が出てきて、中に入れてくれるのですが、その日は少しようすが違いました。玄関の引き戸が、ガラガラと開くには開いたのですが、中から顔を出したO君は、半身になって、わたしのほうを見ながら言いました。

「きょうは、やらないよ」

そしてまた、ガラガラと急いで戸を引きました。

でも、わたしは、そのとき、戸の向こうで息を殺している、いつもの友人たち数人の姿を見てしまいました。

しばらくの間、ことの次第が飲み込めませんでした。わたしはまだ、「仲間はずれ」ということばを知りませんでしたから。

とても驚いたわたしは、泣きたい思いをがまんして、家まで走って帰りました。門をくぐり、家の中に入ると、母がいました。

「もう、お弁当、食べちゃったの？」

「うう〜ん、行ったら、玄関閉められちゃった」

それだけ言うと、涙がボアーッと出てきて、あとは、母に抱かれて、ウワーッと泣きました。祖母はすっかり怒ってしまいました。

「どこの子だい、おばあちゃんが行ってくるよ」

「おばあちゃん、いいのよ」

母が祖母をなだめました。

結局、その日は、茶の間で祖母とふたり、「お弁当開き」をしました。

これは昔の話ですが、いまでも、似たようなことが起こったときに、わたしは、その「お弁当開き」の日のことを思い出します。そして、祖母とふたり、茶の間でお弁当を食べている、小さかった自分を思い出します。涙の乾いたクワンクワンの顔で食べていた、あのときの自分のことを……。

思い返してみると、幼かったわたしは、お弁当を食べながら、O君たちに、仕返しをしようなんて、少しも思っていませんでした。いまはすぐに仕返しのことを考えてしまい、それを打ち消すのに苦労しますが。

仲間はずれにされた経験や、だれかに疎遠にされた経験は、大なり小なりだれにでもあります。仲間はずれや孤立してしまうことへの恐れは、経験の程度にもよりますが、だれでももっています。そして、わたしたちは、常に、そのことに対する「警戒心」をいだいています。

なぜなら、孤立してしまうことに、わたしたちは人間として、生物として耐えられないからです。わたしたち人間は、お互いに関わり、協力することで、お互いの生存を約束しあっている生き物だからです。

トラやライオンが、その鋭い牙と爪で生存を達成しているように、シマウマやカモシカが、その駿足で生存を達成しているように、亀がその甲羅で、ハリネズミがそのハリで生存を達成しているように、人間は、他の動物にはない言語というものを発達させ、緊密なコミュニケーションをとって協力しあうことで、生存を達成してきたからです。

ですから、孤立し、ひとりぼっちになってしまうという状態とは、直接、生存の危機を意味します。生物学的に、また心理学的に、そういうような状態が訪れるということです。

だからこそ、わたしたちは、常に心のどこかで、もし、ひとりぼっちになってしまったら、それから先、生きていくのがむずかしくなってしまうという危機感を無意識のうちにいだいているのです。

昔から、人が人に与えうる最大の罰は、「仲間はずれ」であり、「村八分」でした。日常見かけるのは「無視」。それが相手を痛めつけるのに有効であることを、だれでも経験して知っているからでしょう。

わたしたちは、外見から受け取る印象よりもずっとおびえています。もちろん、それを隠したり感じなくしてしまっている人もいますが、ほとんどの人が、人にどう思われているか？　非常識な振る舞いをしていないか？　と、常に、自分が孤立してしまうことにおびえ、不安を感じています。表面上は和やかにことばを交わしていたとしても、どこか「警戒心」をもってコミュニケーションを交わしています。

ところが、「不安」が強くなるほど、コミュニケーションはむずかしいものになります。「警戒心」というフィルターを通して相手とコミュニケーションをもつわけですから、当然、それは自分にだけでなく、相手にも影響していきます。

あなたの「警戒心」が相手の「警戒心」を刺激するのです。すると、相手の「警戒心」がまたあなたの「警戒心」を煽《あお》り……こうして、「警戒心」とそれに導かれた「不安」が、わたしたちの聞く能力を低下させていくのです。関わりが損なわれることに対する危機感や警戒心が、かえって関わりを閉ざす結果となってしまうのです。

いわゆる常識として、わたしたちが学んできた「人と関わるためのルール、マナー」というのも、相手を思いやるだけでなく、「孤立しない」という目的を達成するためのものだと言えます。

ところが、たとえば、まわりに気を遣いすぎていても、敬遠されます。自分に厳しすぎる人も同様です。非のうちどころのない立派な人なのでしょうが、近づきたくない。他人の迷惑にならない、社会のルールをきちんと守っているなど、当然人に受け入れられてしかるべきあり方をしているにもかかわらず、それが過剰だと、かえって、人との間に距離ができてしまうのです。関わりを失わないための努力が裏目に出てしまうのです。関わりにおけるルールに厳しくあることと、関わりがもてていることとはまた別のことなのです。

わたしたちは、関わりの中に生きています。あなたが現にいま生きているということは、関わりがあるということです。たとえ、あなたが仕返しや孤立によって、関わりを閉ざそうとしていたとしても。犠牲者や被害者を演じようとしていたとしても。

わたしたちに必要なのは、関わりを築くことではなくて、現にある関わりに気づくことです。関わりが損なわれることを警戒することではなくて、関わりを実感することなのです。

第9章　あなたの内側からの声に耳を傾けなさい。深い安心感とともにあるために。

人との関係と同様、わたしたちの内側でも、無数のコミュニケーションが交わされています。そして、そのコミュニケーションによって、生命が維持されています。単に脳の中だけではなく、体の細胞一つひとつが、お互いにコミュニケーションを交わしています。そのコミュニケーションによって、細胞の一つひとつが、活動の内容を決定したり、活動の内容を変えたりしています。

細胞と細胞は密集していますが、それでもお互いの間には「間」があり、そこではまさしく、後述する「キャッチボール」が交わされているのです。

胃は胃だけで活動しているわけではなく、心臓は心臓だけで活動しているわけではありません。当然、他の臓器と関係をもっています。胃や心臓の細胞一つひとつが、お互いにコミュニケーションを交わし、状況に合わせていちばんいい選択をしているのです。その集合として、胃や心臓は働いています。

わたしたちが生きているということは、このコミュニケーションがあるということなのです。もし、細胞間のコミュニケーションが絶たれてしまったら、おそらく体のバランスや機能に障害が起こり、生命の維持がむずかしくなるでしょう。

この、内側でコミュニケーションが交わされることにより、常に、心と体に微妙な変化が起こっています。もしかすると、その微妙な変化を「感情」と、わたしたちは呼んでいるのかもしれません。

いずれにしても、自分の内側でのコミュニケーションが感じられている状態が必要です。自分の感じていること、自分の欲していることに目を向けることのできる「ゆとり」が必要です。


さて、心と体の関係では、一般に、頭で考えたことを体は実行すればいいといった、一方的なコミュニケーションをわたしたちはイメージします。体は頭の命令に従うという考え方が一般的です。

つまり、コミュニケーションが一方通行になってしまいがちなのです。体の声、感情の声に耳を傾ける「ゆとり」や習慣をもっている人はまれです。自分の内側のコミュニケーションでも、外側のコミュニケーションと同じことが起こっているわけです。やはり、聞き手が不在なのです。

頭は考えるところ、体はそれを実行するところ、といった具合に分離して考えがちですが、じつは体も考えます。もちろん言語が違いますが、体も考えているのです。

体を頭で考えたことばに従わせることが、人間としての機能性が高いように思えますが、実際には、それに偏ることで、さまざまな問題が生じているのです。

より機能的な人間とは、体の声、感情の声に、耳を傾ける「ゆとり」をもち、そこに目を向けて、体や心と「双方向」のコミュニケーションを実現している人のことをいいます。

自分の内側に注意を向けるためには、「ゆとり」が必要です。動物や植物とコミュニケーションを交わすような気持ちの「ゆとり」が必要です。そして、多くの場合、他の人とのコミュニケーションが、この「ゆとり」を実現します。相手の話に耳を傾けること、自分の感情を伝えてみること、相手が自分について思っていることを聞いてみることです。

わたしたちがコミュニケーションを交わしたいと望む相手とは、当然のことながら人間です。しかし、そこで交わされる話の内容が、建て前や、仕事のプレゼンテーション、社交辞令、耳寄りな話や情報と言われるものであれば、コンピューターとコミュニケーションを交わしているのと同じような結果となってしまいます。

たとえ、ことばは交わしていたとしても、人間と関わっているという実感が薄れ、それがまた「孤立」の原因になります。

わたしたちは、生きた人間とコミュニケーションを交わしたいと望んでいます。生きた人間とコミュニケーションを交わすとは、お互いの感情に触れ、欲求に触れることです。

もっとほかにもありますが、少なくとも、お互いの感情に触れるとき、わたしたちは「安心感」を体験します。それが、楽しさであれ、さびしさ、悲しみであれ、お互いの感情に触れるとき、わたしたちは、安心します。お互いの感情には「共感」することができるからです。たとえ、考え方が違っていたとしても、感情には共感できるからです。

考え方というものは、お互いの間に違いを創り出す傾向があります。少なくとも、まったく同じ考えというのは期待できません。そこで、当然、そこには分離や分裂が生じやすくなります。しかし、感情は共感できます。さびしいという気持ちには共感できます。嬉しいという気持ちには共感できます。共感は分離したり、分裂したものをもう一度、同じひとつという状態に戻すものです。

わたしたちがかかえる問題の、そのほとんどの原因は、分離や分裂によって起こっています。他人と自分、自分と自分の感情、自分と自然、これらの分離や分裂が孤立感を引き起こしています。

風邪をひけば、咳《せき》や熱などの症状が出るように、精神的に孤立してしまうことによって生じるさまざまな症状が、心と体に現れます。

そして、ただその症状だけを消し去ってしまうことはできないのです。精神的に物理的に孤立しているという状態から、「関わり」が感じられる状態へ移行できるコミュニケーションが必要なのです。

それは、建て前や、社交辞令では実現されません。話題が豊富で話がうまいだけでは実現されません。

自分が感じていること、ほんとうに思っていること、相手の本音、相手の望んでいることに触れて共感がもてないかぎり、孤立から自由にはならないでしょう。共感がもたらされるときはじめて「孤立」から解放され、そこに「安心感」を体験します。

そのためには、自分の感じていること、自分の内側で行っていること、体からの声を聞くこと、聞いてみるという「ゆとり」が必要なのです。「安心感」は、自分の内側の感情が感じとれる感受性を育てます。自分の感じていることが感じられるようになると、自分をとりまく世界が違って見えてくるようになるでしょう。そして、自分というものに対する認識も変わっていくでしょう。

前章で「警戒心」について触れましたが、自分のことを考えてみても、警戒心を解くのはむずかしいものです。頭では理解していたとしても、さあ、警戒心を解いてと言われてもすぐにはできません。だからこそ、誰かとコミュニケーションを交わすとき、「お互いに安心する」という目標をもつことに価値があると思います。

ひたすら、「お互いの安心」に向けてコミュニケーションを交わす——「お互いが安心」するコミュニケーションのあり方について知ることが、コミュニケーションの目標として価値をもつと思っています。

安心感がコミュニケーションの目標であることに現実味を覚えないと言う人もいますが、安心感こそが、わたしたち人間の活動のベースなのです。安心感が、人の心と体を癒し、安心感が背景にあってはじめて、冒険も可能になります。安心感に支えられているがゆえに冒険を試み、失敗しても安心感がショックを和らげます。だからこそ再挑戦の意欲もわきます。

安心感は、わたしたちの感覚を敏感にします。警戒心にとらわれているかぎり、自分に危害を及ぼす対象にだけ感覚が向けられてしまいます。反対に、安心感に支えられていると、実際に視野が広がり、興味の対象もそれにつれて広がります。ものごとに対する関心も、安心感があってこそ深まります。安心感がなければ、ひとつのことを熟考するゆとりすらもてないでしょう。

もちろん、不安を解消するために行動を起こす人もいます。ゆとりを欠き、常に何かに駆り立てられている人です。一見エネルギッシュに見えますが、いっしょにいて痛みを感じます。

意識していようといまいと、わたしたちはみな、深い安心感を求めています。安心感を手にするために、酒やタバコ、他人に依存することもあります。しかし、深い安心感は最終的には、人と関わり合い、そこでコミュニケーションを交わすことによってもたらされるものなのです。

コミュニケーションが交わされることで、自分がこの宇宙の中で「ONLY ONE、たったひとり」ではないことを体験すること以上に、わたしたちを安心させるものはありません。

PART Ⅱ　コミュニケーションはキャッチボール

第10章　コミュニケーションはキャッチボール。

コミュニケーションとは、基本的に、キャッチボールです。ボールが行って、来て、行って、来る。それが、コミュニケーションです。

コミュニケーションを始めるには、いくつかの約束ごとがあります。まず、どちらかが、キャッチボールを始めようという意図をもつ必要があります。これがなければ始まりません。

よく、コミュニケーションは、いっしょに共に始めるものだと思われがちですが、最初に、声をかけるのは、いつもどちらか一方です。

さて、仮にAさんがBさんとキャッチボールを始めようと思ったとします。しかし、Bさんがあさっての方向を向いているところへボールを投げても、ボールを受け取ってはもらえないでしょう。

というわけで、次の条件は、Bさんも、このキャッチボールを始めることに同意することです。

当たり前のことのようですが、相手がコミュニケーションを交わす準備ができていないのに、一方的にボールを投げつけて、相手が応じてくれないと非難している人は、少なくありません。

次に、距離と位置。あまり遠すぎても近すぎても、キャッチボールはうまくいきません。実際のコミュニケーションでも、お互いの関係に応じて、いちばんいい距離と位置があります。

ふつうは、自然にその場に即した距離が保たれるものなのですが、情緒が不安定になっていると、そういう感性が鈍くなってきます。

よく、あまり親しくもないのに、急に真正面から体が触れんばかりのところに近寄ってくる人がいますが、どこかに不安があると思っていいでしょう。もちろん、逆に、ある一定以上の距離にはどうしても近づいてこない人、視線をまっすぐに向けてくれない人というのもいます。

こういう人も、コミュニケーションに対する、少なくとも、あなたとのコミュニケーションに対する何がしかの恐れをもっている状態にあると考えていいでしょう。

しかし、こうした物理的な距離以上に重要なのが、心理的な距離です。

コミュニケーションというと、わたしたちはすぐに、人とのコミュニケーションをイメージしますが、わたしたちは、自分を取り巻くあらゆるものとコミュニケーションを交わしています。

たとえば、自分がいま何を考えているかを知るためには、自分の考えとコミュニケーションを交わす必要があります。

もし、自分自身と自分の考えていることとの距離が短すぎたり、自分自身と自分の考えとが一体化してしまっていたり、同化してしまっていたりすると、コミュニケーションはとれません。ある程度の距離があってはじめて、コミュニケーションが成り立ちます。

感情についても、同じことが言えます。自分の感情とコミュニケーションを交わすためには、ある程度の距離をもち、自分の感情からのメッセージを受け取る必要があるのです。

同様のことが、人とのコミュニケーションについても言えます。子どもを自分の分身のように思い込んでいる母親は、子どもとコミュニケーションを交わすことができ

さあ、その球をぼくに投げ返して。
このグローブに入ったらね。

ません。
部下を自分の手足のように思い込んでいる上司は、部下とコミュニケーションをもつことができません。コミュニケーションには、距離が必要なのです。

適度な距離をもって、
相手と向き合い、
キャッチボールを始める意図をもち、
相手の注意を促し、
完了へ向けて、キャッチボールを始めなさい。

この約束ごとのどれが欠けても、キャッチボールは成り立ちません。
さて、いよいよ、キャッチボールを始めます。まず、Aさんが投げます。それをBさんが受け取ります。そして、BさんはAさんに投げ返します。それをAさんが受け取ります。これで、コミュニケーションがひとつ「完了」です。つまり、Aさんが投げたボールが、Aさんのところに戻って、コミュニケーションが完了するのです。

A「気分はどうですか？」
B「あまりよくないですね」
A「そうですか、気分がよくないんですね」
これで、ひとつ完了。

A「どこが調子悪いんですか？」
B「胃が痛いんですよ」
A「胃が痛いんですね」
と、続ければ、再び、ひとつ完了します。

完了は、同意、または、ビジョンの共有によってもたらされます。
何でもないことのようですが、実際のコミュニケーションでは、ボールが返ってこないままで終わってしまうことが少なくないのです。

A「気分はどうですか？」
B「いやあ、よくないです」

A「なんで?」

これでは、完了していないのです。まず、Bさんが気分が悪いことを受け取ってから、再び、次のコミュニケーションを始める必要があるのです。

A「気分はどうですか?」
B「いやあ、よくないですね」
A「みんなは、楽しそうですよ」

もちろん、これも完了していません。Aさんは、Bさんの投げ返したボールを受け取らず、無視したも同然です。Bさんは、気分が悪いことを非難されたように感じ、なぜなんだろう、どうせわたしの言うことは聞かれないと、自問自答を繰り返すことになるでしょう。

このように、実際のコミュニケーションの場では、ひとつのコミュニケーションが完了しないうちに、別のコミュニケーションが始まってしまうことがよくあります。このように、完了しないコミュニケーションを「未完了のコミュニケーション」と

わたしは呼んでいます。わたしたちがコミュニケーションによって痛みや苦しみを感じているとしたら、すべて、この未完了のコミュニケーションによるものなのです。

だから、コミュニケーションを始めたら、必ず、完了させる。それは、コミュニケーションを始めた側、この場合は、Aさんの責任です。

もちろん、次のような場合もあります。

A「気分はどうですか？」

B「別に」

あるいは、

A「気分はどうですか？」

B「そんなことより、例のあの件だけど……」

Aさんは、Bさんに拒否されたように感じ、なぜなんだろう、今度仕返ししてやるからと、自問自答を繰り返すことになるでしょう。

つまり、未完了のコミュニケーションとは、ボールを投げたのに返ってこない、あるいは返さない、そして、その理由を自問自答している状態です。

未完了のコミュニケーションをかかえ込むと、ほとんどの時間を、たったひとりで、ボールの行方を探すことに費やすことになります。だれかとキャッチボールをしている最中ですら、頭の中では、過去のキャッチボールのボール探しをしています。そんな具合ですから、当然、エラーしたり、あらぬ方向にボールを投げてしまったりと、いまここでのキャッチボールに集中できなくなってしまいます。

未完了のコミュニケーションは、文字どおり、宙ぶらりんのまま、その人の中に蓄積され、いまのコミュニケーションに影響を与えるのです。

わたしたちは、子どものころから現在まで、過去にいくつもの未完了のコミュニケーションをかかえてきました。そして、その未完了をつくりだす代表が、「聞かれない」ことだったのです。

自分の投げたボールをだれにも受け取ってもらっていないという経験は、その回数に比例して、少しずつ、わたしたちを重くしてきました。そうして、未だに、わたしたちの情緒や行動に影響を与えているのです。

どれ返してほしい?

コミュニケーションの未完了を解消するもっとも効果的な方法は、いまここで、キャッチボールを繰り返すことです。いま、目の前にいる人と、キャッチボールをつくりだすことです。

たった一度の完了したコミュニケーションが、その人がそれまで生きてきた中でかかえ込んできたコミュニケーションの未完了のすべてを、氷解させてしまうことすらあるのですから。

第11章 コミュニケーションは、ドッジボールではない。

コミュニケーションの未完了について、もう少し、詳しくみてみましょう。未完了をもたらすコミュニケーション（正確には、コミュニケーションではなく、コミュニケーションに似て非なる「コミュニケーションのようなもの」と言うべきなのですが）の代表的なパターンを取り上げます。

まず、最初は、ドッジボール。わざわざ、受け取るのがとてもむずかしい強いボールを投げてしまうケースです。

さて、AさんがBさんに、そういうボールを投げつけると、たとえ、それがつい手が滑ってしまったからなのであったとしても、Bさんは、多かれ少なかれ、かっとします。

で、たいていの場合、そっちがその気ならと、Bさんもわざと強いボールを投げ返します（どんな人でも、三回続けて強いボールを投げつけられたら、やり返すことになるようです）。

すると、Aさんは、わたしはそんなに強いボールは投げなかったと、力任せにBさんにボールを投げつけます。Bさんも負けじと、もっと強いボールを投げ返し、Aさんが受け取れないと、やった！　と喜びます。

こうして、キャッチボールのはずが、いつのまにかドッジボールになってしまうのです。目的が、ボールをやり取りすることではなくて、相手に勝つこと、相手にボールを命中させて、参った！　と言わせることによって、相手に勝つことになってしまっているわけです。

これは、未完了がつくりだす、コミュニケーションの反応のひとつです。あらわれ方には、いろいろありますが、いずれにしろ、未完了の量が多いと、人とのコミュニケーションがむずかしくなります。性格の問題でもなんでもない。ただ、未完了の量に問題があります。

未完了をたくさんかかえているほど、キャッチボールが困難になるのです。

年齢、性別、職業、知能、経済力、性格、どれも全然関係ありません。ただ、どれだけ、未完了をかかえているかなのです。

さて、未完了をもたらす代表的なコミュニケーションの例のもうひとつは、一方的に大量のボールを投げつけられることです。

○○してはいけません、○○しなさいと、こちらが投げ返すどころか、受け取る暇もないほどに、次々に、違うボールを投げつけられることです。

わたしたちは、子どものころから、親や先生から、いくつもそういうボールを投げつけられてきました。もちろん、親にも先生にも、悪気があったわけではないのでしょうが。

でも、結果として、多くの子どもが、そういう思いをいだいてきました。そうして、知らず知らずのうちに、たくさんの未完了を貯金していってしまうのです。

このほかにも、未完了をもたらすコミュニケーションのパターンにはいくつかあります。

投げたボールと違うボールが返ってきたり、自分の頭ごしにキャッチボールをされたり、自分が投げたボールを別の人に渡されてしまったり、ボールが返ってくるのがいつも遅かったり。

けれども、ドッジボールも、一方的に大量のボールを投げつけられてしまうのも、もうひとつの代表的な劣悪なコミュニケーションと比べたら、かなりましです。それは、無視です。ボールを投げたのに、受け取ってもらえないことです。

無視というのが、いかに人の心にダメージを与えるものであるか、わたしたちは、自分がそれをされた経験から、よく知っています。だからこそ、その武器を効果的につかうのです。

未完了を引き起こすコミュニケーションは、ことばによるものだけではありません。ことばによらないコミュニケーション——ノンバーバル・コミュニケーションにおいても、わたしたちは、知らず知らずのうちに、あるいは意識的に、未完了を体験し、また、相手に未完了を引き起こしています。

たとえば、相手が腕を組んでいれば、拒否や威圧を感じ、自分が話しているときに、ほおづえをつかれれば、退屈な話は止めてよと言われているように感じます。

上から見下ろされても、下から見上げられても、それなりのメッセージを感じとります。姿勢、視線、表情、口調……すべてがコミュニケーションに関わっています。

実際、わたしたちがコミュニケーションにおいて何らかの不全感、不快感をいだくのは、ことばの内容というより、そのときの相手の態度や視線、口調やしぐさである

ことのほうが多いのです。

また、未完了は、直接誰かとコミュニケーションを交わす場合以外でも体験することがあります。

たとえば、両親がいつも争っていた家庭に育った子どもは、それだけで大きな未完了をかかえ込むことになります。

あるいは、三人で歩くとき、いつも自分だけほかの二人と距離があいてしまったりといった小さなことも、確実に、わたしたちの未完了の預金となります。

たとえば、だれかに未完了を起こさせたかったら、あなたは、別のだれかと二人でその人のことを、ちょっと離れてじっと見てやるだけでいいのです。

さて、コミュニケーションの未完了に共通するのは、いずれも、投げたボールが返ってこない、あるいは、相手が投げてよこしたボールを自分が返してない、そして、その理由をなぜなんだろうと、ひとりで自問自答し、探し回っている状態です。

自分は人に受け入れられないのだろうか、自分がいけないのだろうかと、自問自答が無限に続いている状態です。

だからこそ、ある人は、すぐ相手を攻撃し、ある人は、どうせむだだと人と関わることから逃げ出してしまうのです。〝パブロフの犬〟と同じです。自動的に出てきて

しまう反応です。

さらに、ちょっとむずかしい言い方をすれば、コミュニケーションの未完了とは、「いま」という新しい状況の中に、「過去」の固定化した先入観をもち込み、その先入観によってもたらされる「過剰な危機感」のために、適切な状況対応ができなくなっている状態です。

いまは、過去とは違うのに、かつてそうだったからという理由で、過去と同じ反応を示し、不適応を起こしてしまっている状態です。

未完了は無意識の中にインプットされていますから、ふだんは意識できません。ただそのときと同じような状態に自分が置かれると、自動的な反応として現れてしまうのです。その場を逃げようとするか、その状態を攻撃するか、または無視するかのいずれかの反応として。状況は変わっていても、起こる反応は、過去と同じなのです。

コミュニケーションにおける未完了はだれでも少しはもっています。その未完了が次にあなたがだれかとコミュニケーションを交わすときの「かまえ」になります。

しかし、未完了の量が多すぎると、いわば「かまえ」過ぎの、常に気分が重い状態が続きます。そして、その未完了を解決することに駆り立てられ、ますますその場にそぐわないコミュニケーションをとってしまうことになりがちなのです。

しかし仮に、かつてあなたが、いくつもの受け取れないボールを投げつけられたり、あなたが投げたボールをだれも受け取ってくれないことがあったとしても、いまもそうであるとはかぎりません。

かつては、投げつけられる前に、こちらから強いボールを投げつけてしまう方法が有効だったこともあるかもしれませんが、常にそうであるとはかぎりません。

かつて、だれかがあなたの好意をはねつけたからといって、いま目の前にいる人もそうであるとはかぎりません。ひょっとしたら、あなたの好意をはねつけたその人だって、だれかに以前そうされた記憶から、ただただ、好意を受けることに臆病になっていただけなのかもしれないのですから。あなたがそうであったように。

第12章 未完了が、恨みとなって、わたしたちを内側から支配しているのです。

わたしたちは、どんなふうにコミュニケーションをとったらいいのか、頭ではよく知っています。相手を不愉快にさせるようなことは言わないほうがいいとか、少々くだらない話でも、一生懸命聞いてあげたほうがいいとか、人の幸せを自分のことのように喜んであげたほうがいいとか、けなすよりほめたほうがいいとか、相手の気持ちを考えてものを言ったほうがいいとか、わざわざ怒らせるようなことは言わないほうがいいとか、感情的にならないほうがいいとか、意地悪なことは言うべきでないとか。

ところが、いざその場になると、なかなか頭で思っているようなコミュニケーションをとることができません。嫉妬からつい、人の幸福に水を差すようなことを口走ってしまったり、相手の言うことをことごとく否定して、言い勝つことに夢中になってしまったり。

母親は、子どもがいい子でいるときは、二度と感情的になって怒ったりしないと心に誓うのに、子どもがわからないことを言い出すと、つい大声を出してしまったり、ときには手をあげてしまったりします。

上司は、部下に怒ってばかりいてもよくならないとわかっていても、つい、その場になると罵声《ばせい》が飛び出してしまうのを抑えることができません。

奥さんは、疲れて帰ってくるだんなさんに、優しい言葉をかけようと思うのだけれど、ろくに顔も見ないで、ご飯を食べて寝てしまうのを見ると、むらむらと怒りがわいてくるのをどうすることもできません。

実際のコミュニケーションと、頭で思っているコミュニケーションには、常に開きがあるのです。

これは、わたしたちのコミュニケーションの反応というものが、頭で考えていることではなく、その人の中に蓄積された「未完了」によって、支配されているからです。わたしたちが、ついよくないとわかっていることを言ったり、思ったりしてしまうのは、相手のちょっとした言動が、わたしたちの「未完了」を刺激するからです。

その代表が、怒りです。実際、顔や口に出す出さないは別として、わたしたちはよく怒りを感じます。それは、相手に対する漠然とした敵意であったり、相手の言っていることに対する批判であったり、失望であったり、自分が傷つけられたりおとしめられたという被害者意識であったりします。

ときには、単なる不快感として感じられることもあります。罪悪感や劣等感も怒りのひとつで、それは、自分に対する怒りです。

ふつう、いま目の前にいる人や自分に起こっていることに怒りを覚えるときというのは、それなりに、怒りを覚えて当然の状況というものが、確かに存在するように見えます。

でも、どんな場合でも、怒りの背景には、例外なく、過去からの「恨み」が存在します。過去に関わってきた人たちの、あなたに対する接し方や扱い方に対する「恨み」があります。つまり、過去のコミュニケーションの「未完了」があるのです。

その「恨み」、つまり「未完了」が、無意識の中に蓄積され沈み込み、だれかにそのボタンを押されるや、たちまち「怒り」となってあらわれるのです。目の前にいる人や出来事に怒るというのは、過去の未完了を刺激するボタンにすぎません。

ですから、「怒り」というコインの裏側には、必ず、「恐れ」があります。過去に自分を傷つけた人たちを恨むと同時に、また再び傷つけられるのではないかという恐怖があります。

たとえ、ある特定の人があなたにつらい思いをさせたのだとしても、その際生じた「未完了」は、他人に対する一般的な恐怖と気後れ、臆病さとして、あなたの中に蓄積されていくのです。

自分の殻に閉じこもってしまったり、逆に必要以上に人を気遣ったりするのも、「恐れ」の形のひとつです。自分は二度と人を愛したり愛されたりすることがないのではないかという潜在的な悲しみという形を取ることも少なくありません。

わたしたちが、頭で思い描くようにコミュニケーションを交わしていくことができないのは、それが、わたしたちの無意識の中に蓄積された「未完了」によって支配されているからです。その実態を知ることなく、人とのコミュニケーションだけよくしていこうとしても、どだい無理な話なのです。わたしたちがまずコミュニケーションしなければいけないのは、自分の中の「未完了」だったのです。

「未完了」は、ふと浮かんでくる映像として、ことばとして、漠然とした感覚として、ときどき、わたしたちの意識にのぼってきます。ひとりぼっちでいる自分の姿、そのときの情景、聞こえてくる冷たい声。あるいは、かつて、あなたをいじめた同級生の姿、あなたの言うことを聞いてくれなかった先生の目、あなたの気持ちを踏みにじったかつての恋人、あなたを軽く扱った後輩たち、あなたに十分愛情を注がなかった大人たち……。

それらの映像や音、感覚が、いま目の前にいる人と重なり合い、そのとき、完了できずに、宙ぶらりんになったままの感情が、怒りとなって、いまに現れるのです。

あなたに必要なのは、それらの、未だに思い出すだけで不快になる、それらの人たちの映像と、コミュニケートすることです。思い出すだけでも不快になるのですから、逃げだしたり、曖昧《あいまい》にしておきたい気持ちはわかりますが、でも、はっきりさせるのです。それらを曖昧にしておくことによって、知らず知らずのうちに、それにしがみついているのですから。

あなたをコントロールする記憶や過去の体験からあなたを自由にする方法は、とてもシンプルです。ただ、彼らを許すことです。心の中の仕返しをやめることです。善人になるためではありません。怒りという破壊的な感情から、あなた自身を解き放つためです。

彼らへの復讐に、あなたの人生をささげてしまわないためです。

許し方はこうです。彼らの顔が浮かんだら、その人たちの人生がうまくいっているところを想像します。仕事の上でも、家庭でも、その人の人生がうまくいき、幸福に過ごしているところを想像するのです。ただ想像するだけです。

やってみると、けっこうむずかしいことがわかるでしょう。でも、想像するのです。一生懸命、想像するのです。それが、永遠に続く自問自答の闘いから、あなたを解き放つ方法なのですから。

三〜四週間で、自分の中で違いが感じられるようになるでしょう。

それから、もうひとり。あなた自身を許しなさい。あなた自身の人生がすべてうまくいっているところを想像しなさい。くれぐれも、あなたがあなた自身を許すために、自分を痛めつけたり、苦しめたりしないように。それらの行為はほとんどが、あなたをますます頑固にしていくだけですから。

第13章　いまからでも十分、間に合います。コミュニケーションのキャッチボールを繰り返しなさい。

「未完了」を解消する方法について、まとめておきましょう。その方法は、大きく分けてふたつあります。ひとつは、過去の未完了に目を向け、それと向かい合うことです。

さて、未完了のコミュニケーションは、投げたボールが返ってこなかったり、ボールを投げたのに受けとめてもらえなかったり、突然ボールを投げつけられたり……要するに、自分では何もコントロールできていないという漠然とした記憶として残ります。何もコントロールできないという記憶はやがて、「無力感」を生み出します。

わたしたちは、この「何もコントロールできない」という記憶、無力感と、いま現在、コミュニケーションを交わすことができないでいる場合が多く、それが未完了をいつまでたっても完了に導くことができない理由となっているのです。

第10章でお話ししたように、コミュニケーションを交わす際には、意図をもち、相手と向き合うという約束ごとがありますが、自分の中の「未完了」という相手とは、向き合うことができません。つまりコミュニケーションを交わすことができないのです。

もちろん、それなりに、結論づけてはいるでしょう。

「あのときはしかたなかった」

「相手にも事情があったんだろう」

「もう終わったことだ」

「忘れた」

しかし、いくらそうしたことばで自分を納得させようとしたところで、激しい気分の浮き沈み、体の重さ、エネルギーの低さを感じ、そして何より、深い安心感、心の静寂、高い関心、行動力……これらが失われているという事実があるかぎり、終わってはいないのです。「未完了」は、実際にそれと向き合って、コミュニケーションを交わさないかぎり、決して完了しないのです。

未完了のすべてを思い返せるわけではありません。多くが、自分でも気がついていないものです。ここに、未完了とのコミュニケーションのむずかしさがあります（なんであれ、問題が問題になるのは、問題が何であるかに気がついていないこと、そして、問題と向き合ってコミュニケーションが交わせないことにあります）。

しかし、過去の未完了から引き起こされている、現在の嫌な感じと向き合うことはできるでしょう。具体的には、何か気がかりや、ちょっとした心配、不安を感じたときに、それを抑えてしまったり、ほかのことで気を紛らわせてしまうのではなく、それを最初から終わりまで感じてみることです。

もちろん、ほかのことで気を紛らわせることもひとつの知恵ですが、ほんの数分、自分がいま感じていることを最初から終わりまで感じてみようとすること、いまの自分の状態と「向き合う」ことで、未完了を完了させることができます。

コミュニケーションは、「向き合う」ことから始まります。何とも向き合うことができない状態が「無力感」につながります。自動的に、自分の未完了によって引き起こされる感じから逃げ出したり、それを分析したり、変えようとするのではなく、それと「向き合い」、そして、最初から終わりまで味わってみるというあり方が、未完

了に影響されないあり方というものをつくります（前の章で述べた、過去に自分を受け入れてくれなかった人を許すというのも、この過去の未完了と向かい合う方法のひとつです）。

そうして、もし、未完了な記憶とコミュニケーションを交わすことができたら、未完了な記憶とコミュニケーションを交わすための約束ごと――未完了と向き合い、関心を向け、距離をもち、そこに向けてボールを投げ、そこから送られてくるボールを受け取ること――を繰り返すことができたら、過去の未完了を「完了」させることができるでしょう。

そのとき、「完了」は、あなたにただちに安心感をもたらし、人への関心を高めないではいないでしょう。

さて、未完了を解消するもうひとつの方法は、過去は過去として、いまのコミュニケーションを充実させることです。もし、あなたが、とことんあなたを聞いてくれる人と出会ったり、Aさんが投げてBさんが受け取る、BさんがそれをAさんに投げて、Aさんが受け取る、というキャッチボールのコミュニケーションをリードしてくれる人がいるとしたら、すばらしい幸運です。あなたの未完了は、その人とのコミュニケーションの中で氷解していくことでしょう。

しかし、現実には、そういう人が都合よく現れることは滅多にありません。みんなもあなたと同じだからです。だれかが、自分の強固で厄介な殻を押し破って、未完了の砦《とりで》から、救いだしてくれることを待っているからです。

だから、あなたから、それを始めるのです。あなたから、キャッチボールをつくりだすのです。自分が感じていることを伝え、相手の感じていることに共感するコミュニケーションを始めるのです。あなたから、安心感を生み出すのです。

ところで、キャッチボールというのは、話し手と聞き手がちゃんと繰り返されるコミュニケーションの比喩《ひゆ》なのですが、実際のキャッチボールとほんとうによく似ています。

事実、わたしが、コミュニケーションとキャッチボールを重ね合わせるようになったのは、幼児との実際のボールのやり取りがきっかけでした。

ニューヨークで、コミュニケーションのセミナーをやったとき、セミナー後のパーティに、三歳と五歳の子どもを連れた夫婦がやってきました。とても人見知りをする子たちで、父親の足にしがみついて離れない。どうにかしてくださいと言われても、当時、わたしには子どもがいなかったし、どちらかというと子どもは苦手だったので、まるで扱い方がわかりません。しかたなく、かわいいねとか、いい洋服だねとか話しかけるのですが、全然だめです。

途方にくれていると、たまたまバスケットボールが転がっているのが目に入りました。で、何気なく、それをころころと、その子のほうに転がしてみました。そうしたら、五歳になるほうの子が、おそるおそるといったふうに、父親の足元を少しだけ離れてボールに近づくと、ころころとわたしのほうに転がし返してきたんです。おやっと思って、もう一度その子のほうに転がしてみると、また、転がし返してきました。

最初は、その度に、父親の足元に戻ってはしがみついていたのに、だんだん、父親から離れてボールを転がし始めました。そうやって、何度かやっていると、下の三歳の子のほうも興味深げに、こちらを見つめてきました。で、今度は、そちらにころころと転がしてみました。そうしたら、三歳の子もやるんです。わたしが転がしたボールを上手に受け止めて、転がし返してくるんです。

そうやって、五歳の子と三歳の子に交互にボールを転がしているうちに、ふたりともすっかり元気になって、やがて、パーティの会場中を駆け回り始めました。

わたしが、彼らとボールを転がし合っていたのは、時間にすれば、ほんの十分か十五分くらいのことです。その間、やった！　とか上手だねとかいったことばも一言も交わさず、ただ黙って、ボールをやり取りしていただけです。それだけで、わたしが彼らと交わしたかったコミュニケーションのすべてが行われたのです。

というより、たくさんのことばに惑わされないですんだ分、コミュニケーションの基本的な形をとることができたのだと思います。

つまり、どっちも責めない、責められない、評価もしない、評価されない、そして、ただ、ボールを投げる、受け取ってまた投げるというコミュニケーションです。そういうコミュニケーションを通じて、だれでも安心していくことができるのだと、わたしは、そのとき確信しました。

キャッチボールがうまくつくりあげていかれたとき、お互いに安心します。その安心感があってはじめて人は、ビジネスやむずかしい内容の会話に入っていくことができるのです。わたしたちの問題は、この安心感という基盤をスキップして、ビジネス上のコンセンサスをとろうとしたり、相手に何かを強要したり、指示したりすることにあります。

子どものころ、母親に抱かれながら、車を見つけて、「ブーブー」と言うと、お母さんは「ブーブーだね」と繰り返してくれました。スズメを見つけて、「チッチ」と言うと、「チッチだね」と繰り返してくれました。ただ、それだけで、子どもは、深い安心感の中にいることができました。それがいつのまにか、車社会の将来や弊害について話したり、実際には見たこともない鳥の名前と分類を覚えなくてはならなくなってしまいました。

前者は、互いが目の前にあるものについて話す一次言語、後者は、いま目の前にないものについて抽象概念を話す二次言語です。そして、未完了を解消していくには、この一次言語のキャッチボールを重ねていくことが、とても役に立つのです。

「星がきれいだね」「ほんとにきれいだね」と繰り返すだけで、いっしょにいるという実感をもつことができるのは、恋人たちだけではないはずです。

それは、いつも、わたしたちに安心感を与えます。わたしたちが、いつもどこかしら不安なのは、一次言語のベースが脆弱《ぜいじゃく》なままに、二次言語ばかりを積み重ねているからなのでしょう。

コミュニケーションの未完了は、人に、自分の何が悪かったのだろうかという疑いと、また同じ目に遭うかもしれないという不安、そして、人はしょせんひとりだという疎外感をもたらします。未完了が完了したときはじめて人は、人といることの安心感と、自分は受け入れられているという自信を得ます。

むずかしい話をする必要はありません。無理に相手を励ましたり、諭《さと》したりする必要はありません。無理に、相手を受け入れようと、自分を律する必要もありません。ただ、コミュニケーションのキャッチボールを繰り返しなさい。ときには、一次言語を遣って、繰り返しなさい。

相手の中で、未完了が解消されていくとき、あなたの中の未完了もまた、消えていくのを感じることができるでしょう。

第14章 わたしたちには、あふれんばかりの感受性があります。警戒心のベールをちょっとはずすだけで。

子どものころ、家に犬がいました。祖父がどこからか拾ってきた雑種でした。で、祖父のつけた名前が、ドル。US$のドルなんです。わたしはそれが恥ずかしくて、「それ、お金の$?」なんて聞かれると、「ううん、DOLLだよ」などと言っていました。

そのころ、テレビで、「名犬ラッシー」とか「名犬リンチンチン」をやっていました。で、それらを見ては、次の日さっそく、「ドル、ドル、来い!」と言って、ボールをバーンと投げる。そういうとき、名犬リンチンチンやラッシーなら、バーッと走っていって、ボールをくわえて戻ってくるわけなんですが、ところが、ドルはそうじゃない。走っていって、ボールをくわえると、そのまま、向こうに走り去って、穴を掘ってうめちゃうんです。どこに行ったかわからない。ほかに芸を教えようとしても、だめ。寝てしまうんですから。

でも、ドルといっしょにいて、いちばんいやだったのは、散歩でした。どうしてかというと、必ず、友だちに会っちゃうから。そして、聞かれるんです。「この犬、何犬?」って。わたしは、「柴犬と秋田犬のミックス」と答えていたけれど、ほんとうはただの雑種です。でも、正直に「雑種」だなんて言ったら、相手の視線がなんとなく冷ややかになるんです。

だから、わたしは、血統書付きの犬がほしくなりました。ラッシー、リンチンチンみたいに、わたしの命令にしたがう利口な犬を。そこで、父親に頼みましたが、もちろん、断られました。ところが、ちょうど、父親の友人から、血統書付きの犬をもらえることになったのです。両親は、もらうことにも反対していました。理由はよくわかりませんでした。まだ、そのときは。


それは、コッカスパニエルでした。耳がすごく大きくて、あのころでは珍しかったんです。血統書付き、イギリス産。すっかりわたしは興奮してしまって、散歩に連れていくのも、大好きでした。

「何犬?」

「コッカスパニエル。血統書付きのね」なんて。

最初は、「イギリス産」と言っていたのが、そのうちには、「イギリス生まれ」に。なんだか勢いづいちゃって、「イギリスで生まれたのを連れてきたんだ」ぐらいのことは言っていたんだと思います。

ほんとうに、その犬と散歩していると、自分がまぶしく感じられました。ほかの犬なんかがやってきても、近づけさせない。なにか、町内を仕切っているようにさえ、感じていました。もちろん、食事もわたしがあげたし、ブラッシングも自分でしました。いい犬は、磨くと光るんです。ドルは光らない。

その間、もちろん、ドルもいたんです。いるにはいたんですけれど、ほとんど記憶がない。時々、散歩についてきたような気もするけど、気にもとめなかった。エサも母親任せで、私はやらなかった。

一度、ドルが、ほかの犬とけんかしているところを見かけました。のどを噛みつかれて、キャンキャン哭《な》いていたけれど、わたしは助けに行きませんでした。助けないで、ちょっと見ていました。すると、どこかのおじさんが助けてくれました。そのときは、助けに行かなかったことを少し気に病みましたが、コッカスパニエルにすごく夢中だったので、しばらくして、そのことは忘れてしまいました。

そのころ、わたしはよく母親に叱られて、いちばんひどい罰は、納屋に放り込まれるというものでした。叱られた理由は忘れましたが、あるとき、とうとう、その昼間でも行きたくないような庭の奥の納屋に、夜だというのに、閉じ込められてしまいました。中は真っ暗だし、いくら泣いても、なにしろ、庭のはずれだから、だれの耳にも入りません。

だれも助けに来てくれないとわかって泣きやむと、あたりはやけに静かになって、すごく心細くなりました。どのくらい、この中にいなくちゃいけないんだろう、あのお袋のことだから、下手をすると、朝までだったりして……と、不安が頂点まで達したときです。戸口のほうで、何かがごそごそいうんです。最初は、だれかが助けに来たのかなと思ったけれど、そうじゃないらしい。ぞっとしました。

よーく目を凝らすと、扉の横の小さな窓から、ドルがよっこらしょと、入ってくるんです。そして、スーッとこちらにやってきて、わたしの横に座ったまま、じっと動きません。ふだんは、じっとなんかしていないのに、そのときのドルは、じっとしたまま動かない。

わたしもほかにすることがないから、「何しに来たんだ」とか言いながら、ドルの頭を撫《な》でていました。その間も、ドルの奴は、じっとして動かない。で、ずっとずっとドルの頭を撫でているうちに、いろいろなことが思い返されてきました。

この一年で、いったい、ドルのことを何回思っただろう。ドルにエサをやったことなんてあっただろうか。こんなふうに撫でたこと、あっただろうか。わたしは、ドルが、ほかの犬に噛まれて助けを求めているときに、助けてあげなかったのに、どうして、ドルは、わたしのそばに来て、ずっといっしょにいてくれるのだろう。

さきほどまでは、母親に叱られて泣いていたのが、そのときはじめて、まったく違う理由で自分が泣いていることに気がつきました。ずっとずっと泣いていました。ドルの頭を撫でながら。いろいろなことが思い返されてきて、それは、しばらく止まりませんでした。

最近は、心理的、身体的障害をもった子どもに対し、イルカといっしょに泳いで「癒《いや》す」というのが、静かなブームになっているようです。アメリカでは、長期入院患者に対するペットサービスというのもあります。犬や猫、ときには、もっと大きな動物が病院に届けられて、患者と時間をともにします。それが、精神的にだけではなく、体にも、実際にいい影響を与えることがわかってきたのです。

人間以外の動物は、単に人間のことばを理解しないだけのことで、彼らの感受性は、人間ほど侵されていないのでしょう。

しかし、わたしたちにも、もともと彼らと同様の感受性があるのです。それを妨げているのは、これまでにも度々触れてきた、関わりが絶たれてしまって生存が危うくなることに対する「過度の警戒心」です。過去の未完了——仲間はずれにされた経験や、自分を認めてくれなかった人との関わり、話を聞いてもらえなかったことからくる不安や孤立感など——からもたらされている「過度の警戒心」です。

その警戒心がゆえに、わたしたちのすべての感受性が、危険因子を見つけ、身を守ることに向けられていってしまうのです。相手の何気ない言動の一つひとつにも、この人は、自分にとって危険ではないかと注意が向けられていってしまうのです。

わたしたちは、一度にひとつのことにしか注意を向けることはできませんから、そんな状態では、相手を感じ、いまを感じる感受性など、とても発揮することはできないのです。

だから、もし、わたしたちが、「安心」していいことを知ったとしたら、安心感の中でコミュニケーションをもつことができたら、ドルと同じようなコミュニケーショ

ンを人と交わすことができるでしょう。警戒心のベールさえ、ちょっとはずすことができたら。

最終的に、わたしたちは、感受性で関わっているのですから。会話の内容が仕事の話であれ、科学の話であれ、愛の告白であれ、頭と頭の情報交換ではなく、お互いの感受性を通過させるのが、コミュニケーションなのですから。

PART Ⅲ　自分自身とのコミュニケーション

第15章　レッテルではなく、いま目の前にいるその人とコミュニケーションしなさい。その人を失ってしまわないうちに。

もし、わたしたちが、目の前にいる生きたその人とコミュニケーションを交わしているとしたら、わたしたちが現在かかえているようなコミュニケーションの問題は生じていないはずです。

あなたは、いま目の前にいるその人とはコミュニケートしていない。あなたがコミュニケートしているのは、あなたがその人につけているレッテルです。この人はこういう人だという、あなたの思い込みです。

「最近の先生について、どう思いますか？」

中学校の先生を対象に講演しているときに、こんな質問を受けたことがあります。

「最近の先生ですか？」

「ええ」

「最近のどの先生ですか？」

「どのって、一般的に」

「一般的な先生なんていませんから、お答えできません」

「あなたのもつ、先生に対するイメージでもいいんですけど」

「つまり、あなたのことですか？」

「えっ！ わたしではなくて、一般的に……」

「一般的な先生なんていないんですよ。いるのは、この先生、あの先生、そして、この先生のいま、あの先生のいま。それなら、わたしがどう感じているか、どう思っているか、言うことはできますが」

わたしたちには、自分の経験や記憶で、すべてを一般化してしまう傾向があります。サラリーマンは、先生は、政治家は、最近の若い子は、中年のおばさんは、あるいは、血液型がA型の人は、蠍《さそり》座の人は、酉《とり》年の人は——。

それはそれで、ある部分では機能していることでしょう。彼らとつき合うにあたっての「かまえ」や「対応」の仕方を知る上では役に立つことでしょう。

しかし、あなたが一度、先生や政治家を、あるいは、あなたの友人を、過去の経験や記憶から、「○○○な人」と思い込んでしまえば、目の前にいる、いまのその人をも、その「○○○な人」という先入観でしか見ることができなくなってしまいます。

その結果、あなたの「対応」もそれに応じた制限されたものとなり、その人との関わりは、表面的で、つまらないものになっていってしまうでしょう。

わたしたちは、何にでもレッテルを貼ります。人にも出来事にも。レッテルを貼ることが、世界を知ることだと、誤解してしまっています。レッテルの中身については、触れないままで。

だから、内気な人、冷たい人、優しい人、頭のいい人——それ以外のその人に触れる機会を失ってしまうのです。

それればかりか、もっと困ったことに、レッテルを貼ることで、その人を理解したような気になってしまうのです。実際には、あなたは、あなたの頭の中につくりあげた、その人のイメージを見ているだけだというのに。

レッテルは、便利なものですが、レッテルはその人ではないことを忘れてはいけないのです。あなたの母親は、あなたの思っている人ではないし、あなたの父親も夫や妻や子どもも、あなたの思っている人ではないのです。あなたの上司も部下も同僚も、あなたの思っている人ではなく、あなたの恋人もあなたの思っている人ではありません。

あなたは、あなたの貼りつけたレッテルを見ているだけなのですから。あなたが、そのレッテルを貼りつけたがゆえに、そう見えているだけなのですから。レッテルを貼っているかぎり、わたしたちはただ、自分の頭の中の観念の中を生きているだけで、生きた現実——リアリティ——を生きてはいないのです。

わたしたちは、愛や幸福にも、レッテルを貼ろうと努力しています。「愛は、○○なもの」「幸福は、○○なもの」。けれども、皮肉にも、愛や幸福には、わたしたちのもっている接着剤では、レッテルをつけたくてもつけられません。すぐに剝がれてきてしまいます。

だから、わたしたちは、愛や幸福を手にしているという誤解さえもてなくて、いつまでも、それを求め続けることになるのです。

きっと、愛や幸福というのは、わたしたちが、他人や自分、そして、起こっている

出来事にレッテルを貼っていることに気がついて、そのレッテルに影響されないあり方を見つけたときに、体験するものなのでしょう。

だれかのことを、職業や血液型や服装や年齢で分類して理解しようとするのはやめることです。あくまでも、その人個人を、理解することです。

だれかのことを、「○○な人」と表現するのをやめることです。もし、どうしてもそうしたいのなら、「○○なところもある」と言い替えることです。

だれかといっしょにいるとき、その瞬間瞬間、自分が感じたことに、注意を向けるのです。頭で考えたことでなくて、感じたことに。

わたしは、レッテルの交換ではなく、生のその人そのものと関わりをもちたい。わたしに勝手にレッテルなどつけてほしくないし（それが、どんなにすばらしいものでも）、わたしも、レッテルの向こう側のその人とコミュニケーションをもってみたいと思うのです。

第16章 自分で自分につけているレッテルを知りなさい。

わたしたちがレッテルをつけているのは、他人や出来事ばかりではありません。わたしたちは、自分自身にもレッテルをつけています。

そして、この自分につけているレッテルほど、便利で、かつやっかいなものはありません。いわば、このレッテルをもつことが、わたしたち人間を人間たらしめているからです。わたしたちの不幸も幸福もここにあります。

つまり、そのレッテルとは、自我の意識、あるいは、セルフイメージと呼ばれるものです。

あるとき、わたしたちは、思うがままに生きていると、家族や友だち、広い意味では、社会が自分を受け入れてくれない、社会に拒絶されてしまうことを知ります。

社会に受け入れられないことは、人間にとって生存の危機を意味しますから、そこで、受け入れられるようなあり方、演技を身につけることになります。
物心ついたころから、そのような教育を受けましたし、社会生活の中で痛い思いをしながら、自らも学んできました。

「人に迷惑をかけてはいけない」
「負けてはいけない」
「いい子でいなければいけない」
「人に好かれるようにしなければいけない」
「勉強や仕事を頑張って、人に認められるようにしなければいけない」

人によってさまざまですが、それぞれが、これなら社会に受け入れられるという自分なりのあり方を身につけ、それによって、ほかの人との関係を築いてきました。そのあり方が、セルフイメージです。

わたしたちの考え方、行為、欲求、持ち物、すべてが、わたしたちのセルフイメージのあらわれです。わたしたちは、自分のセルフイメージにふさわしい考え方をし、

行動スタイルをとり、恋人や友人、配偶者を選びます。どういう髪型をするのか、どういうお洒落《しやれ》をするのか、どういう車に乗るのか、どういう職業を選ぶのか、すべてが、わたしたちのセルフイメージのあらわれです。

だからこそ、わたしたちは、自分の考え方を否定されたり、持ち物をけなされたりするだけで、感情的になってしまうのです。それらを否定されるということは、自分のセルフイメージを否定されることであり、それは、自分が社会に順応できていないという「おどし」となるからです。

最大の問題は、自分の「セルフイメージ」＝「わたし」だと錯覚してしまっていることにあります。同化してしまっていることにあります。そして、「わたし」を犠牲にしてまで、セルフイメージを守ることが優先されることにあります。セルフイメージとは、いわば、洋服であり、自分自身ではないにもかかわらず。

わたしは、どうも会社勤めが性に合わなくて、大学を出て一年後に、友人と会社をつくりました。もちろん、わたしが社長で、社員（といっても、わたしより年上の人も含めた、数人の仲間だったのですが）には、それなりに社長らしく、みんなとは少し違う扱いをするように無言のうちに促していたようです。

その日も、わたしが、父から会社設立時に贈られた大きな「社長デスク」に構えていると、背後で、焼き鳥がいいとか、中華がいいとか騒いでいる声が聞こえます。どうやら、帰りにどの店に寄るかを話しているようです。ぼくはお寿司《すし》がいいな、聞かれたらそう答えようと思っていたのですが、なかなかわたしには聞いてくれません。で、「ぼくは、お寿司!」と、大きな声で言いました。その瞬間、シーンと、気まずい空気が流れました。少しして、女性スタッフが言いました。

「伊藤さんも行くんですか?」

さすがのわたしも、その場の雰囲気を察して、あわてて言い返しました。

「あっ、そうだ。ぼくは、仕事で会わなければいけない人がいたんだ」

その後も、気がつくと、みんなお昼に行ってしまって、ひとりぼっち、ということがよくありました。そんなときのわたしは、お弁当開きに入れてもらえなかった幼児のときのわたしと同じでした。できれば、母の胸で泣きたかった。

でも、違っていたのは、そんなさびしさを社員に悟らせまいという気持ちのほうが、ずっとずっと強かったこと、そして、わたし自身が、そういう事態を選んでいるんだということを知っていたということです。それがいっそう惨めでした。

皮肉なことに、もともと他者に受け入れられるために身につけたセルフイメージこそが、わたしたちが、関わりを閉ざしてしまう原因となっているのです。もともともっている感受性を眠らせる原因となっているのです。まるで、現実にまったく合わないどころか、現状の妨げとなっている時代遅れの法律や規制のように。

そして、この、自分のセルフイメージを主張することと、相手と一体感をもつことという、矛盾したふたつの欲求を同時に満たそうとすることこそ、わたしたちがかかえるほとんどの問題の本質だとわたしは思っています。

第17章　正しいことを言うのは、おやめなさい。だいじょうぶなふりをするのは、おやめなさい。

小学校に入ってから卒業するまで、M君とはずっと同じクラスでした。ほとんどの級友のことは忘れてしまいましたが、最近になって、M君のことを、ときどき思い出します。

わたしの通っていた小学校では、作文やテスト、宿題などに、動物のハンコが押されました。「ライオン」は、たいへん良くできました、「ゾウ」は、良くできました、「ウサギ」はしっかり、「カメ」はがんばれ。ウサギとカメのどちらがランクが上だったか忘れましたが、いずれにしろ、ゾウとライオン以外はしょうがないわけで、「ウサギ」や「カメ」のハンコは、おぞましいかぎりでした。

わたしは、四種類の動物マークと均等につき合っていましたが、中には、ライオンしか見たことのないやつもいて、「あ〜あ、また、ライオンだよ」などとのたまっていました。それでも、けがをしないですんでいたのですから、平和なクラスだったのでしょう。

M君は、有名な「カメ」取りで、彼が「ゾウ」や「ライオン」を取ったのを、見たことがありませんでした。ふつう、図工や音楽、体育などで帳尻を合わせるのですが、M君に笛を吹かせたら、聴いているほうが息苦しくなってしまうし、絵を描かせれば、六年間ほとんど「ブタを真正面から見たところ」ばかり描いていました。画用紙が大きくなると、それに合わせてブタも大きくなるだけで、外に写生に行っても、やっぱりブタを描いていました。

というのも、めったにM君のことをほめたりしなかった先生が、一度だけ彼のブタの絵をほめたことがあるからです。それは、親子のブタで、先生が、クラスのみんなの前で、その絵を広げて見せている間、M君は、下を向いて顔を真っ赤にしていました。それ以来、彼は、ずっとブタの絵を描き続けていたのです。

ある日、わたしが風邪《かぜ》で二、三日学校を休んだ後に登校し、急の「試験」に目を回していたら、M君が変に慣れた手つきで、答案用紙をわたしのほうにずらしてくれるのです。

一瞬、事態が呑み込めませんでしたが、要するに、わたしに答えを写せと言っているわけです。わたしも焦っていたので、つい書き写してしまいましたが、ふと我にかえって冷静になると、わたしが盛んに写しているのは、よくて「ウサギ」、ふつうは「カメ」のM君その人の解答です。

顔を上げて、M君のほうを見ると、M君は、ニッと笑いました。わたしもニッと笑い返して、M君の気持ちだけいただき、あとは、前の席の女子の背中をつついたり、いすにかけてあるランドセルを蹴ったりして、いつものように、少しのお慈悲にあずかりました。

M君もわたしも、宿題などやっていかないので、年に一、二回、先生の気まぐれで調査されては、ひどく怒られたものでしたが、わたしはM君といっしょに怒られるほうが、ひとりで怒られるよりずっと気楽でした。M君の場合、慣れもあるのでしょうが、あまり深刻にもならず、先生も彼を怒るのには、力が入らないようでした。

ですから、わたしは、M君にいつも言っていました。

「宿題をやってきたら、だめだぜ」

「うん」

彼は、きっちり約束を守りました。

わたしはときどき、ぬけがけをしましたが、M君は、「いいよ、いいよ」となぐさめてくれました。

M君は、あまり感情を表にあらわしたりするほうではありませんでしたが、たいていゴキゲンで、いっしょに遊んでいると、よくこう言ったものです。

「おもしろいね、おもしろいね、また、明日もやろうね」

先生に怒られてすぐの休みの時間だろうと、何事もなかったかのように遊んでいたし、わたしたちに、同情の気持ちさえ起こさせませんでした。

賢いふりやだいじょうぶなふりをしたり、人生をむずかしくしているとき、わたしはよくM君のことを思い出します。

すでにお話ししたように、セルフイメージというのは、もともと「思うがままに生きていては、まわりの人に受け入れられない」というところから、生まれてきたものです。それからもわかるように、わたしたちは、心の深いところで「自分は完全ではない。そのままでは愛されない」という自己否定を続けてきています。その自己否定をくつがえすために、セルフイメージという演技が繰り広げられているのです。

だいじょうぶなふり、賢いふり、偉そうなふり、あるいは、馬鹿なふり、友だちがたくさんいるふり……自分を大きく見せたり、ときには小さく見せたり。そうした自分でいれば、まわりの人に受け入れられる、愛されると思い込んでいるのです。

これらのさまざまな演技に共通するのは、「わたしは正しい。少なくとも、間違っていない」ということです。わたしたちのすべての行為、考え、持ち物が、セルフイメージの反映であるように、わたしたちのすべての行為、考えが、「わたしは正しい」というメッセージを発しています。

「わたしは、あの人よりも賢い」
「馬鹿なわたしは、お高く止まっているあの人よりもましだ」
「わたしは、悪いことをしました。でも、そのことをわたしは知っている」
「わたしは、ひどいことをしました。でも、そのことをこんなに悔やんでいる」

相手と比較して自分のましなところを探したり、自分の非を責めることで、自分の正しさを証明しています。

しかし、もし、あなたが女性なら、自己紹介のときに、わざわざ「わたしは女性です」とは言わないでしょう。「わたしは正しい」と主張しないではいられないのは、その根底に、「自己否定」があればこそのことです。

ところが、皮肉にも、「わたしは正しい」と自己主張すればするほど、かえって、「ほんとうにわたしは正しいのだろうか？」という疑いが出てきてしまいます。試しに、「わたしは女性です、絶対に女だ」と主張し続けてみるといいでしょう。周囲の人が、疑い出すのはもちろん、自分でも、なんだか信じられなくなってしまいます。

なぜ、それほどまでに、正しくなければならないのかといえば、正しくさえあれば、人に拒絶されないだろうし、仲間はずれにならない。正しくしていれば、人に受け入れられると思い込んでいるからです。

現実には、自分の正しさを守るために、わたしたちは、友を傷つけ、愛と幸福と、ときには、命さえも手放してしまうのですが。

わたしたちが、人の話を聞けないのは、自分の正しさを証明するのに、精いっぱいだからです。お互いが、「わたしは正しい」と主張しているからです。

自分の正しさを主張するもっとも簡単な方法は、相手の間違いを指摘することですから、とても、相手の話など受け入れられるはずがないのです。

ところが、間違いを指摘されたり、相手が自分の正しさを認めてくれないと、ますます、正しさを主張しなければならなくなりますから、こうして、ますます、お互いに、相手を聞くことなどできなくなってしまうのです。

そもそも、正しさを主張する理由は、相手から受け入れられるためだったはずです。つまり、ほんとうは、「わたしは正しい。だから、わたしのことを好きになってください」だったはずです。でも、いつのまにか、「だから〜」の次は忘れられ、まるで逆のこと、つまり、相手から好きになってもらえないようなことを繰り返しているというわけなのです。

この不毛なサイクルを止める方法はただひとつ、どちらかが、相手の話を聞くことです。正しさの証明を続けていることが、自分の体に、感情に、どのような影響があるのか、自分の内側の声に耳を傾けることです。相手に十分聞かれていると感じたとき、人は、それ以上の自己主張はしないものですから。しないですむものですから。

あなたを疲れさせているのは、仕事や人間関係そのものではなく、そこで演じるセルフイメージです。高原に行こうと、南の島に行こうと、セルフイメージをかかえたままで、気持ちが安らぐはずがありません。だれもが、ほんとうは、セルフイメージという演技に疲れきっているのです。

だから、演技を必要としない人の前に行くと安心するのです。だれもがほんとうは心の奥で、演技を必要としない人を求めているのです。自分がそうなるほうが早いと知っていながら。

もし、だれかが、相手に十分聞かれたという体験をもったとしたら、その人は、別のだれかを聞くことができるでしょう。正しさを証明して、自分を守ることではなくて、安心感の中で、相手を感じ、相手に関心をもって、聞いていくことができるでしょう。あなたにその「最初のだれか」に、なってほしいと思っています。

第18章　一度でいいから、いちばん聞きたくないことをリスクを超えて聞いてみなさい。

すでに何度もお話ししているように、わたしたちは、基本的に人の話を聞かない。でも、中には聞くこともあります。それは、自分のセルフイメージにとって害のない話、あるいは、セルフイメージに、磨きをかけてくれるような話です。社交辞令とかお世辞、おためごかし、あるいは、愚痴、人の噂話、なれ合いの会話などです。

これらの話をして、仲良しでいたつもりが、ある日、どちらかが、相手の触れてはいけない部分に触れてしまって別れてしまう、ということが、ときどき起こります。みんな、それがよくわかっていますから、そんなことになって、ひとりぼっちになるよりはと、当たり障りのない会話を繰り返すのです。

でも、ほんとうに聞こうと思ったら、常にリスクはつきものです。どういうリスクかと言えば、自分のセルフイメージが損なわれてしまうかもしれないリスクです。

たとえば、友だちや恋人、配偶者や子どもに、「ほんとうはわたしのこと、どう思っているの？」と、正面切って聞く勇気のある人はなかなかいません。

たとえ、相手があなたに好意を伝えたとしても、あなたは自分のことを、大胆な人だと思っているのに、相手が「あなたって、ほんとうは意外に気が小さいでしょ、そこが好きなの」と言ったとしたら、あるいは、自分はけっこうドジなところがあってそこがかわいいというセルフイメージをもっていたのに、「あなたって、すごくしっかり者だと思う」などと言われてしまったら困るからです。

セルフイメージが損なわれてしまうからです。ましてや、「ほんとうは、きみと別れたいと思っている」などと言われたら、それこそ、たいへんです。

聞くことには、いつもリスクが伴います。だから、そういう危険なことには触れないように、聞かないですむように、わたしたちは、いつも気をつけているのです。レッテルの向こうにあるものには近づかないように、近づけさせないように、気をつけているのです。

もちろん、そのリスクを超えて聞くことから、ほんとうのコミュニケーションが始まるのですが。

もう、十数年も前のことです。いま、わたしがやっているようなコミュニケーションのトレーニングに、わたし自身参加したことがありました。そこで、その日、初めて会った人とペアを組んで、交互に自分のことについて話をするというゲームがありました。がっかりしたことに、その日、わたしが組んだのは、二十歳そこそこの女の子でした。

なにしろ、当時のわたしは、二十七、八の生意気盛りで、二十歳そこそこの女の子とは、デートをするのはいいけれど、自分のことを真面目に話すなんて、とんでもない、話したってむだだと決めつけていたんです。

最初は、彼女の番で、彼女は自分のこれからの人生について、いまかかえている問題について、一生懸命話してくれました。わたしは、「うん、うん」とうなずきながら、聞いていました。次に、わたしの番が回ってきたとき、もちろん、真面目に話す気なんてありませんでしたから、確か、油揚げの話かなんかしました。油揚げは、そのまま焼いて、醬油をじゅっとかけて食べるのがいちばんおいしいとかなんとか。

で、そのゲームを終えて、休憩時間になって、わたしが別の人としゃべっていると、だれかが、とんとんとわたしの肩を叩くのです。振り返ると、その女の子が立っていました。目に涙をいっぱいためて。

「どうしたのー?」と、年上らしい余裕で、尋ねると、彼女が言いました。

「伊藤さん、あなたって、人の話を聞かない人ですね」

「えっ、そんなことないよ。きみの話はちゃんと聞いてたよ」

わたしはそう言って、彼女の話をほぼ正確に、復唱してみせました。

「ねっ、聞いてただろ?」

すると、彼女は、ますます涙の粒をふくらませて、言いました。

「ほら、いまだって(聞いてない)」

そして、「もうけっこうです」と言って、去っていってしまいました。

わたしは、しゃべっていた相手の手前、「最近の若い子の考えてることって、わかりませんねえ」とかなんとか言って、何でもないふりをしていましたが、内心、穏やかではありませんでした。それどころか、からだの中と頭の中を、大きなものが転がり回っている感じでした。

それは、家に帰ってもおさまりませんでした。家に帰ると、さっきの女の子と同じようなのが、ソファに寝そべってテレビを観ていました。九つ違いの妹です。そのころ、わたしと妹は同居していたんです。

そこで、わたしは、今日あったことを、一気に妹にぶちまけました。

「なあ、ひどいだろ。ぼくは、人の話、よく聞くほうだろう？　あの子、ちょっとおかしかったんだよな」

すると、妹は、テレビを観たまま言いました。

「うん、聞く、聞く」

その、「聞く、聞く」と、二回繰り返して言う調子が、どうも嘘っぽくて気になり、もう一度尋ねました。

「なあ、ほんとのこと言ってくれよ。ぼく、ちゃんと聞くだろう？」

妹は、今度は、「うん、聞くよ。嘘じゃないよ〜ん」と、ますます、気になる答え方をします。

「なあ、ほんとうのこと言えよ」

わたしは、そう言って、今度こそ妹が、ちゃんと、「うん、おにいちゃんって、ひとの話をちゃんと聞く人よ」とはっきり言ってくれることを期待しました。

ところが妹は、「いやだ」と言うんです。

「ほんとうのこと言ったら、おにいちゃん、怒るもの」

わたしは、ますます動揺してしまいました。

「怒らないから、言えよ！」

「ほら、怒った」

そのあとがたいへんでした。絶対怒らないということを妹に納得させるまで、ゆうに一時間はかかりました。とうとう妹が言いました。ソファにきちんと座り直し、固い表情をしていました。

「じゃあ、言うわ」

そう言われると、わたしもすーっと血の気が引いていくのを感じました。腹を据えて、「どうぞ」です。

「おにいちゃんて、いっしょにいても、いない人」

妹は、ただそれだけ言いました。それだけで十分でした。わたしには、十分すぎました。


その夜は、眠れませんでした。それから三日間、自分がどのように過ごしていたのかわかりません。ただ、自分の中で、何かが大きく崩れ、自分でもどうしていいのかわからない状態が続きました。

それでいて、不思議なのですが、自分がとても安心していることにも気がつきました。動揺はあるのですが、もうこれ以上妹に、優秀な兄、ものわかりのいい兄、妹思いの兄、それらの演技をする必要がなくなったこと、そして、自分がいま、どの位置にいるのかが自分の中ではっきりしたことに、ほんとうに安心していたのでした。まわりの人にほめられたり、頼りにされることでは手に入らなかった安心感が、そこにはありました。わたしは、安心感について誤解していたようです。

それから、わたしは、ローラースケートを買ってきて、毎夜、妹と滑りまくりました。妹は子どものころからアイススケートをやっていて、最初からローラースケートはうまいものでした。わたしは妹との絆《きずな》をどうしても回復したかった。回復というより、はじめてそれを築こうと思いました。それがどうしてローラースケートなのか理由はとくにありませんが、何かいっしょにやりたかった。ことばで絆を取り戻すには少し間があきすぎているようにも思いました。ローラースケートは妹とわたしとの間のキャッチボールだったのでしょう。

それは、わたしにとってはじめての、ほんとうに「聞いた」体験でした。妹とのほんとうのコミュニケーションの始まりでした。それ以来、コミュニケーションが、わたしたちの生きる目的であること、コミュニケーションの可能性がまだまだ無限にあることをわたしは確信したのです。

聞くことには、確かにリスクがあります。それは、わたしたちのセルフイメージを揺るがさずにはいないからです。でも、セルフイメージを揺るがさないようなコミュニケーションをどれだけ重ねていっても、相手に触れ、一体感をもち、いっしょにいることの喜びを体験することはできないでしょう。つまり、人生の喜び、幸福感、そして、愛を体験することはできないのです。

第19章　勇気をもって、あなたの感情を伝えなさい。

　ある会社の経営者が、社員が辞めていくのを、どうしたら止めることができるかと、相談にみえたことがあります。彼は、待遇や仕事の内容について、自分がどれだけ社員のことを思っているのかについて、えんえんと話しました。

　一時間近く彼の話を聞いたところで、わたしは、彼に尋ねました。

「ご自分でよく分析なさっているのに、それ以上、何をわたしにお聞きになりたいんですか?」

「わたしの何が悪かったのかを知りたいんです」

「知って、どうなさるんですか?」

「そうすれば、今後、社員が辞めていかなくなるでしょう?」

「それは、わたしにもわかりませんね。現に、給料の高い会社でも辞めていく人はいますし、給料も安く、待遇が悪いのに、辞めない会社もありますから」

「何なんでしょうね」

わたしは、彼といっしょにいて、彼がほんとうに知りたいのは、いかに社員を辞めさせないかということではないような気がしてきました。それよりも、社員が辞めていくことに対する自分の気持ちを、どう受け止めたらいいのか、とまどっているように見えました。

「社員が辞めたいと言ってきたとき、どんな気持ちがしましたか？」

「いやあ、会社にとって困るな、と思いましたよ」

「わたしが聞いているのは、あなたがどんな気持ちになったかです」

彼は、しばらく困惑していました。じーっとわたしのほうを見て、やがて、意を決したように、小さな声で言いました。

「そりゃあ、さびしかったですよ」

「そうですか、さびしかったんですね」

「ええ、さびしかったですよ。長年、いっしょにやってきて……」

「あなたの会社の人たちは、あなたがさびしいと感じているのを知っているでしょうか？」

「では、あなたがさびしいと感じていることを、社員に知られることは、あなたにとってどうですか？」

「さあ、どうかな？」

「うーん、それはまずいな」

「まずい？　どうして？」

「弱い人間だと思われてしまうし、リーダーとしてふさわしくない。それに、足元をすくわれてしまいそうな気がします」

「そうですね」

「弱味は、見せられませんよ」

「さびしいと思うことが弱味であるというのは、真実でしょうか？」

「……うーん、それは知りませんが、そう思ってきましたね」


わたしたちが毎瞬、体験している感情には、うれしい、さびしいなど、名前のついているものもありますが、ほとんどの微妙な変化には、名前がついていません。おおむね、わたしたちは、いい感じと悪い感じに分けています。

ふだん、コミュニケーションを交わしている中で、わたしたちは、さまざまな感情を体験しています。しかし、その感情が表にあらわれてしまうことを、わたしたちは非常に恐れます。もし、不意に涙が出てしまったり、急に怒り出してしまったら、きっと変な人だと思われるに違いない、弱味を握られてしまうに違いない、そう思っているからです。

もしそうなって、仲間はずれにでもなったら、たいへんだからです。ほんとうは、そんなふうに感情を抑圧することで、お互いを疎外しあっているというのに。

自分の体験している感情を切り捨ててしまうことがうまくなることで、確かに、社会的に認められたり、他人の迷惑にならない人でいることはできるかもしれません。しかし、一個の人間としては、とても苦しくなってしまうでしょう。

人間の感情は、他の生き物を通過しないかぎり、完了しません。抑えつけられた感情のエネルギーは、決して、消えてなくなることはなく、漠然とした不安、慢性的な怒り、執着、恨みなどとして、わたしたちの中に蓄積し、過剰な自己正当化や怒り、だれかに対する敵意などという形であらわれ、わたしたちのコミュニケーションを妨げるのです。

親が子どもを教育するときに、しつけという言葉を遣いますが、わたしはあまりしつけというものに興味をもっていません。親が、子どもが何かしてほしくないことをしたとき、自分がどう感じるのかをうまく伝えることができれば、子どもは、それから学習していくことができると信じているからです。

子どもがいたずらをしたとき、それをやられるとぼくはつらいなというのが、ほんとうに心から言えるとしたら、どんなに小さな子にも必ず伝わります。

わたしの子どもは、二歳半ぐらいのときから、「つらいの?」と聞き返してきていました。「つらいよ」と答えると、「つらいってどういうこと?」と聞いてきます。「息が止まりそうだ」と言うと、「へえ、息が止まりそうなんだ」と会話になります。「だから、やめろ」とは言いませんでした。その代わり、「息が苦しいとき、きみにもあっただろう?」ときくと、「あった、風邪《かぜ》ひいたときあった」とか、二歳半ぐらいでも、けっこうしゃべるんです。そうやって、話しているうちに、自分からいたずらをやめるんです。

もちろん、ときには、「やめてほしい」と言うこともあります。でも、「そういうことをする子は悪い子です」などと客観的に言うのは、絶対にしたくない。そういう中で、人格が疎外されていくのだとわたしは思っていますから。

現に、彼は、すでに二歳半にして、母親から、~してはいけません、~すべきでは

ありません、といった具合に何か言われると、「わかった、わかった」と答えていました。大人と変わらないのです。客観的に言われたって、聞けはしないのです。

こう思うんだ、こう感じるんだ、というあなたの、あなただけにしかわからないことが、あるはずです。それだけが相手に伝わります。あなたがそれを表現しないかぎり、永久にだれもわからないであろう、あなた自身が固有に感じていること、思っていることということが表現され、コミュニケートされてくるとき、互いの生きていることのレベルはぐんと上昇します。

わたしたちは、ときに、努めて倫理的であろうとします。人間として、父親として、上司として、男として、女として、やっていいこと悪いこと、あるべき自分というものをつくりあげることに、たいへんなエネルギーを注ぎます。

しかし、努力して倫理的でいる人たちに共通するのは、言っていることとやっていることは確かにもっともなのだけれど、少しの嘘くささと無理を感じること、いっしょにいて、息苦しかったり、退屈だったりすることです。

彼らは、笑うべきときに笑い、怒るべきときに怒ります。もともともっている感性すら、頭でつくった倫理にはめ込んでいるからです。

もちろん、最小限の論理は必要でしょう。しかし、本来、わたしたち人間の論理とは、わたしたちの感性の中にあるものです。その豊かな感受性によって、個人と社会のバランスをとっていくのだと思います。

内側からの論理性に目覚めた人は、笑いたいときに笑って、泣きたいときに泣きます。多少まわりの人を驚かせることもあるでしょうが、まわりの人にも十分注意を向けるゆとりがあるので、すぐに彼らを安心させることができます。

内側からの論理に目覚めている人たちは、論理的であることに努力を払ったりしないのです。そして、コミュニケーションを交わしている中で、自分と相手がどれだけ論理的であるか、どれだけ理にかなっているかということよりは、いま、お互いがどんな感じを体験しているかに、より多くの関心を向けているのです。

コミュニケーションのベースは、「安心感」です。そして、その安心感は、自分の中で起こってくる感情をリアルタイムで表現していくことによって、お互いの中に生まれます。お互いの感情を交換していくことが、安心感のベースになるのです。

ひょっとしたら、この章の最初にとりあげた社長さんの会社の社員が辞めていった理由のひとつは、彼がそうした安心感を社員との間にもてなかったからかもしれないな、といまになって思います。

第20章 人とのコミュニケーションは、自分の内側とのコミュニケーションに比例します。

第9章でも述べましたが、最近、心と体の関係について、興味深い研究報告が目につきます。そこでは、従来の心身相関という概念すらもはや古いものとなっているようです。

なぜなら、心と体が相関しているという表現は、それ自体、人間を心と体のふたつに分けるという発想に由来するからです。心身相関というより、心と体は、ひとつの同じもの、というのが、最新の医療の考え方です。

そこでは、感情は、極めて重要なファクターです。わたしたちの体の中には、natural killer cell と言って、外からの異物や癌細胞などの繁殖を防ぐ細胞（いわゆる免疫系です）があるのですが、ある実験によると、感情が豊かになり、生活に感動をもっていくと、この免疫細胞が増加するというのです。実験の結果、泣いても笑っても、免疫細胞の増え方は同じだったそうです。

別の研究には、心筋梗塞《こうそく》で倒れる人は、感情表現ができない人に多い、というデータもあります。sad、mad、glad、つまり、さびしさ、怒り、喜びを抑圧しているというのです。

確かに、泣き言や愚痴など、口にしたところでしかたのないことかもしれない。それによって、ある部分では、その人の評価が落ちることになるかもしれない。でも、人間のトータリティから見れば、そうした部分も表現していったほうがいいということです。

小学校から大学まで、いろいろな先生に教わりましたが、わたしがもっとも影響を受けたのは、小学校の四年から五年にかけての担任の先生です。彼はよく自分のことを話してくれました。それが、算数の時間であろうと、国語の時間であろうと関係なく、

「きょう、俺、校長先生に怒られたんだ」などと話し出します。

「どうして?」とわたしたちが聞くと、うなだれて、

「いろいろ」

わたしたちが黙っていると、

「あーあ」なんて、ため息をついたりするんです。

かと思うと、

「先生の子どもが今度、小学校に入るんだ」

先生の子どもが小学生、という組み合わせが、当時のわたしたちにはピンときませんでしたが、

「ランドセルしょって、きょうも学校へ行ったよ。いまごろ何してるかな?」

なんて、にこにこしているんです。


クラスの生徒が病気になって入院してたりすると、やけに落ち込んで、

「きょうは自習にしよう」

と、窓の外を見て、半日ぼーっとしているのでした。

十二月に初雪が降ったりすれば、

「ふぉー、雪だ！」と狂喜して、教科書を放り投げ、

「みんなー！　外に行くぞー！」です。

とくに教え方がうまかったのかというと、そうでもなく、たいてい、学期末は、帳尻を合わせるために、駆け足で教科書を読まされました。それでも、その間、わたしの成績はとてもよかったように思います。本を読んだり、人と話すことがとても楽しく、考えることがとてもおもしろく感じられた二年間でした。

中学に入ってすぐのころ、数学の時間に、

「先生、何かおもしろい話をしてください」とお願いしました。

「先生に向かっておもしろい話とはなんだ！」

わたしは、その場で、行き場を失いました。

「いまは数学の時間なんだ。数学を勉強しろ」

彼は、教えるのがとてもうまいという評判の先生でした。もちろん、わたしも、落ち着きのない、集中力に欠ける中学生でしたが、先生との距離がとても遠いものになったような気がしました。

わたしたちは、ともすれば、感情を外にあらわすことを抑制しようとします。それは

大人げない態度であり、少なくとも賢い人のとる行為ではないと信じられています。

さらに、たいていの人は、感情を素直にあらわしてしまった結果として、揚げ足をとられてしまったり、だれかを怒らせてしまったり、人に陰口をきかれてしまったりなど、いくつかの苦い経験をもっているものですから、再びそういう苦痛を味わいたくないという恐れをもっています。

そうして、いつのまにか、感情を表現するだけでなく、感情をいだくことすら抑圧していくようになるのです。

実際、感情はわたしたちの内側で、いつでも起こっています。ただ、わたしたちが、それを感じないように感じないようにとする結果、ほんとうに、感じ取れなくなってしまっているのです。

前章で、感情を交換していくことが、お互いの中に安心感をつくり出すと言いましたが、感情を交換しようにも、交換すべき感情が自分の中に見つからないというのが、わたしたちの現状のようです。

コミュニケーションを交わしていくには、先にもお話ししたように、ある程度の距離をもつことが必要です。自分の感情や欲求、自分の考えていることと、あまりにも一体化してしまっている結果、それらを見い出せなくなってしまっている場合もあるからです。

たとえば、会社で社長という役割をもっている人は、会社における自分の役割と距離がもてないでいると、どこに行っても自分が社長であると思い続けてしまいがちです。たとえ、会社では社長であっても、家に帰って家族の中では、社長ではないはずなのに、家に帰っても社長のままでいる人が多いのです。

これは、自分の役割と距離がもてない場合の例です。

また、自分の役割とコミュニケーションがもてないために、役割そのものも、うまくこなせなくなることもあります。

自分の感情、考え、記憶、欲求、役割、それらと距離をつくり、コミュニケーションを交わしたいという意図をもち、たとえ、どんな感情であっても、どんな考え方をしていたとしても、多少苦痛をともなう記憶であっても、親しみをもって、コミュニケーションを交わしなさい。

そこで、無理に何かを感じようとしたり、何も感じられない自分を責めたり、ありもしない感情や欲求を捏造《ねつぞう》したりしてはいけません。

そうではなくて、ちょうど鏡の中の自分を見るように、自分の心が伝えてくるものを、ただ聞いてみるのです。それがいい感じであれ、そうでない感じであれ、そのままを受け入れるのです。

そんなこと思っちゃいけないとか、こういうことを感じられる自分はけっこういいぞといった評価や判断は脇において、ただ、全部を最初から終わりまで、見て、聞いて、触れて、そして味わうのです。

おそらく、そのほとんどは、ことばにはならないものでしょう。むしろ、ことばになっている感情しか感じられないとしたら、まだ、ほんとうには自分の中でのコミュニケートができていないと考えるべきでしょう。

たとえば、「忙しい」とか「いらいらしている」「疲れている」などは、感情ではなく、感情表現ができないでいるときに出てくることばです。

自分の中の感情とは、そのほとんどが、微妙な体の変化であり、響きであり、ビジョンです。それらを、最初から終わりまで、見て、聞いて、触れて、そして味わうのです。どれをも否定したり、避けたりしないで、そのままで受け止めるのです。

自分の内側の声とコミュニケーションがとれているとき、あなたは、人とのコミュニケーションもまた、とれていることでしょう。自分の内側とのコミュニケーションと人とのコミュニケーションは、比例します。そして、わたしたちは、それらのコミュニケーションに応じて、安心感をもっていくことができるのです。

第21章　いま相手のとっているコミュニケーションが、あなたがいまとっているコミュニケーションです。

もし、あなたがいま自分がとっているコミュニケーションがどういうものであるかを知りたかったら、相手があなたにとっているコミュニケーションを見てみることです。相手のコミュニケーションは、あなたのコミュニケーションの鏡です。

もし、相手がちっともあなたを聞こうとしなかったり、心を開こうとしないとしたら、それは、あなたがそうであるということです。

もちろん、中には、膨大な未完了をかかえ、それがゆえに、ほとんどの人にとって、なかなかコミュニケーションのとりにくい人というのも確かに存在します。けれども、もし、あなたが、大多数の人と、満足のいくコミュニケーションがとれていないのだとしたら、それは、あなたの中の未完了が相手の中のそれを刺激しているのだと考えるべきでしょう。おそらく、非常に認めがたいことだとは思いますが。

さて、コミュニケーションという場合、わたしたちはまず、話すことばの内容のことを考えます。そして、言ったじゃないか、いや言わないといったことで、よく争います。でも、だれでも、ほんとうは、「ことばの問題じゃない」ことは、うすうす知っています。

実際、カリフォルニア大学のロスアンゼルス校で、コミュニケーションでいったい何が伝わっているのか、ということに関する実験をしたところ、興味深い結果が出ました。相手に伝わった情報のうち、ことばの内容そのものは、全体のわずか七%。つまり、言ったことがそのまま伝わっていくパーセンテージは全体の七%にすぎなかったのです。

では、何が伝わっていくのかというと、話すときの声のトーンとかバイブレーションのもたらす情報が三八%。残りの五五%は、顔色、目つき、ジェスチャーなどの視覚領域で入ってくる情報でした。

だから、腕組んで足組んで、ぼくはきみのことを信頼してるから、と言ったってだめなんです。相手はただ混乱するだけです。そこには、矛盾した情報が飛び交《か》っているからです。

だから、いくら親や先生が、おまえのこと思って言ってるんだよと言ったところで、違うなというのは、子ども心にもわかるんです。多少はぼくのことも考えてくれているのかもしれないけれど、かなり自分たちの都合がありそうだなというのは、わかるものです。

たとえ、自分の都合はなくて、純粋に何かを相手に伝えようとしていたとしても、それに伴う自分の主観的な「感じ」を殺してしまっている場合は、これもまた、コミュニケーションはむずかしくなります。

上司に、どんなに理論と数字と確率を示されて、こうすれば成功するから、やりなさいと言われても、そこに、その人の情熱や意欲や自分に対する期待がまったく感じられないとしたら、部下は本気では動かないでしょう。どんなに優れた製品でも、その優秀性について説明する店員が、単に、パンフレットを読むような調子で、あなたに語りかけたとしたら、あるいは、あなたの背後から語りかけたとしたら、多分、あなたはその製品を買いたいとは思わなくなるでしょう。

どうやら、自分の「感じ」を押し殺してしまっている人たちのコミュニケーションのとり方には特徴があるようなのです。しぐさや声の調子、距離のとり方などが、言っている内容とは裏腹に、どこか逃げ腰だったり、威圧的だったりするのです。

逆に、自分の「感じ」とちゃんとコミュニケーションがとれている人たちは、人とのコミュニケーションにおいても、うまくいきます。話している内容はたいしたことがないのに、話し終わった後、お互いに、妙にうきうきしたり、初対面同士なのにすっかり親しみを感じたりします。

ことばの内容と、それ以外の情報が、一致しているからです。ふつうは、それを相性の問題としてかたづけがちですが、そうではなくて、これも、未完了の問題です。わたしたちは、意識の上では、ことばの内容をとらえようとしますが、無意識のレベルでは、相手の表情や声の感じなどを読みとって反応しているのです。つまり、コミュニケーションでは、その人の状態が常に伝わるのです。未完了をたくさんかかえている人がそばにくると、わたしたちにも、それなりの反応が起こってしまいやすいのです。

わたしの母親は、大の犬好きです。わたしも犬好きなんですけど、わたしが好きなのは家の犬だけで、ほかの家の犬はあんまり好きじゃない。遠目に見る分にはいいんですけれど、どんな犬でも近づいて抱きかかえたりするという気にはなれません。

んです。

ところが、わたしの母親は、どんな犬でもいいんです。通りかかった家の中から、犬の声が聞こえると、ワンワンなんて言いながら、その家に入って行ってしまうんです。

「だめだよ、人の家に」とわたしが言っても、「いいの、犬がいるから」です。そうやって、どんどん入って行ってみたら、すごく大きなシェパードだったりするんです。

危ない！　と叫んでも、おかまいなしに、もっと近づいていきます。犬のほうは、やはり番犬ですから、ウーと威嚇《いかく》したりします。

すると、母親は、「だめよ、うーなんて脅かしちゃ」と言って、そのシェパードの鼻先をたたいたりするんです。よその家の犬だというのに！

そして、殴ったあとで、よしよしと頭をなでたり、もう大騒ぎ。その次から、母親が通ると、シェパードのほうも、足音だけでわかるらしく、犬小屋で喜んで跳ね回るようになりました。ほんとうに、犬には、犬好きがわかるものです。

これは、コミュニケーションでとくに重要な部分です。犬に、「わたしは動物愛護協会のメンバーですよ」なんて会員証を見せてもだめなんです。会員証といっしょに指を噛まれるだけです。でも、ほんとうに犬好きな人が近づけば、犬のほうで、それ

を察して、なついてきます。説明の領域ではないのです。

もし、あなたがほんとうに人に関心をもっていたり、この人とほんとうにコミュニケーションを交わしたいと思っていたとしたら、それは、たとえ、ことばにしなくても、かなりの部分、伝わります。

もちろん、逆もあるということです。もしあなたが、どんなにことばで伝えたとしても、内心疎ましく思っているのだとしたら、それは必ず相手に伝わって、相手もまた、あなたから受けた疎ましさをあなたに向けてくるということです。

あなたが、相手からほんとうに打ち解けた感じを受けないとしたら、あなたが打ち解けていないからです。あなたに対して、ほんとうに関心をもって接してくれる人がいないように感じているとしたら、あなた自身が、相手に関心をもてないからです。

相手の反応は、あなたが相手に対していだいている感情の表れです。相手の反応こそが、あなたがとっているコミュニケーションの現状を映す鏡です。相手に問題があるのではありません。いずれにしろ、相手を責めたところで、何が変わるわけでもないのですから。

このことは、コミュニケーションの中でもっとも見逃されている領域のひとつだと思います。

では、どうしたら、人に対する関心を自分の中で高めていくことができるのか？これが、課題となります。

第7章でも少し触れましたが、人に対する関心は、あなたが安心している度合いに比例します。安心感が大きければ大きいほど、関心も深く、広がりをもちます。もし、不安であったら、わたしたちの関心は、不安から抜け出すことだけに向けられてしまい、他の人に関心を寄せるだけのゆとりはもてなくなります。

無理に外から関心をつくり出すことはできません。無理に勉強させようとしたり、仕事をさせようとしたりしても、一時的にはやる気を見せても、すぐに失速してしまうように、人に対する関心も、関心をもとうとする努力によってもたらされるのではなく、あなたの安心の度合いによって、内側からもたらされるのです。

安心感を高めていく第一歩は、もし、いまあなたが不安だとしたら、その不安とコミュニケーションを交わすことです。不安であることをごまかしたり、そこから逃げ

出そうとしたり、それをなくそうとしたり、それを無視するのではなく、いまの不安と向き合って、それとコミュニケーションを交わす意図をもち（自分の責任として）、距離をもち、自分の不安に親しみをもって、話しかけるのです。


「わたしの不安よ、何かメッセージがありますか？」

「何でも最後まで聞く用意があります、何でも言ってみてください」

返事は、ことばで返ってくるとはかぎりません。ときには、体の微妙な変化として返ってくる場合もあります。また、感覚の変化として現れることもあります。必ずしも確かな答えが見つかるわけではありませんが、コミュニケーションが始まり、キャッチボールが続く中で、何かが開けてくる感じを体験することはできるはずです。それが、安心感につながります。

人に対する関心を高めていくもうひとつの方法は、実際のコミュニケーションを重ねることなのです。お互いがかかえている未完了を完了させていくようなコミュニケーション、つまりキャッチボールをつくり出していくことです。

これは、家族の間であろうと、近所の人との間であろうと、友人との間であろうと、職場の人との間であろうと、まったく変わりありません。取引先とのビジネス上の会話であっても同じです。顧客との営業上の会話でも同じです。キャッチボールをつくり出していくことです。

これでもなお、あなたは言いたいのかもしれません。やっぱり自分だけではない、相手にだって、原因はあるはずだと。いくら自分が努力しても応えてくれない相手のほうが多いはずだと。

確かにそうかもしれません。でも、そういって相手のせいにすることによって、いったい何が生まれるのでしょうか？

もし、あなたが、相手をどうにかしようとか、自分だけがうまくいくために、コミュニケーションの能力を身につけようとするならば、結局、相手が変わらないかぎり、自分も変われないという、相手に依存した状態から一歩も動くことはできないでしょう。

けれども、あなたがキャッチボールを試みるのは、あなたをとりまくコミュニケーション環境に働きかけるためだと考えたらどうでしょうか？

相手がどうだとか自分がどうだとかいうのではなくて、相手と自分との間のその「場」に貢献するためだと考えるのです。互いがキャッチボールを始められるような

場を、あなたが築いていくのです。

あなたが、あなたがかかえている未完了によって、あなたのまわりの人に与えている影響のことを思えば、あなたがまず、あなたのまわりの人の未完了を完了させていくことによって与えうる影響は、あなたの予想をはるかに上回るもののはずです。

第22章 それでも、嫌いな人がいるのは、当然のことです。

わたしたちのまわりには、受け入れようとしても、どうしても受け入れられない人というのが、必ず存在します。そして、しばしば、その人とのことが、コミュニケーションの問題となります。

その人が一生あなたにつきまとうわけではないのに、常に、同じ悩みが絶えないのは、もし、いちばん受け入れがたかった人が引っ越していってしまったりすると、二番目に受け入れがたかった人のことが、あなたの頭を占めるようになるからです。

同様に、三番目、四番目とかぎりなく続きます。こうして、わたしたちは、うすうす気がつき始めます。

確かに、気の合わない人は常にいるだろう、でも、自分を苦しめるのは、そういう人たちそのものではないのではないかと。

結論から言えば、苦手な人や嫌いな人がいるのは、ごく自然なことです。むしろ、本来自分は、だれとでも、同じようにつき合っていけるはずだ、そして、自分は世界中の人から好かれなければならないという思い込みのほうが尋常ではありません。

苦手な人や嫌いな人そのものがあなたを苦しめるのではなく、彼らのおかげで、自分の完全性——本来自分はだれとでも同じようにうまくやっていける人だ、そして、だれにでも好かれる人だ——が損なわれることが不快なのです。

とはいえ、やっぱり、嫌いな人が存在することからくる、この不快感をどうにかしてほしいという相談は、跡を絶ちません。わたし自身にとっても永遠のテーマかもしれません。そこで、わたし自身の体験から言えることをお話しします。

まず、選べる環境は選んでいくこと、つまり、嫌いな人や苦手な人のところへ行かないということです。なぜ、こういうことを言うのかというと、わたしのところに相談にみえる方の多くが、話を聞いてみると、どうも、わざわざ自分から嫌いな人のところへ近づいていって、そして、嫌な思いをして嘆く、ということを繰り返しているように思えるからです。

まるで、嫌いな人が自分にした仕打ちを恨み、また、その人を嫌う自分を責めることで、生きている実感を味わっているかのように。おそらく、本人には、決して受け入れがたい説だとは思いますが、でも、そうなのです。

では、環境が選べない場合、つまり、直属の上司とか部下、どうしてもつき合わざるをえない親戚や近所の人に、嫌いな人がいる場合はどうするか。その場合は、何もしません。そして、自分がその人を嫌いだということを確認します。シンプルに、自分はその人のことが嫌いなんだ、と思えばいいわけです。

実際、この世には、そりが合う人と合わない人がいて当たり前なのですから、嫌いな人がいる、それでいいんだと思います。

もうひとつは、その人のどこが嫌いかをちょっとはっきりさせてみることです。嫌いになると、どこもかも嫌いに思えるものですが、ちょっと冷静になってみれば、その人の全部が嫌いなのではなく、その人のある部分が受け入れられないだけのはずです。全人間的に嫌いなのではなく、嫌っているのは、部分なのです。

それがどの部分であるかはっきりさせ、次に他の部分に目を向けます。嫌いという思いですべてを覆い尽くしてしまうのではなく、もう一度、その人と「向き合って」、自分がどの部分に抵抗を感じているのか、どの部分が受け入れられないのかはっきりさせるのです。

そして、それがはっきりしたら、できるだけ、肯定的にとらえられる部分とコミュニケーションを交わすことです。

わたしの知っているかぎり、嫌いな部分とは、自分の投影であったり、自分の反映である場合が多いものです。もちろん、それ以外の理由もあります。

どんなに努力しても、いま現在受け入れがたい人や、受け入れがたい行為が存在することは現実です。あなたにできることは、シンプルなことをシンプルのままにしておくことです。何とか好きになろうと努力したり、自分を受け入れさせようと、あれこれ画策《かくさく》したり、自分を責めたり、相手をおとしめようとしたりしないことです。

嫌いな人をなくそうとすることの根底には、人を嫌うということに対する潜在的な罪悪感があります。罪悪感というと、ちょっと聞こえがいいかもしれませんが、要するに、自分はすべての人に好かれるべきだし、すべての人を受け入れることができるという非合理的な思い上がりの裏返しです。

君とはソリがあわないけど全面的に嫌いってわけじゃないんだ。

さて、嫌いな人は、おそらく、これから一生あなたのまわりに存在し続けるでしょうが、その数を減らしていくことは可能だと思います。

だれかを嫌いになる要因にはいろいろあるでしょうが、要するに、自分を認めてくれないということでしょう。わたしたちは、自分を認めてくれない人、自分を受け入れてくれない人、自分を否定する人、あるいは、自分に自分が思っているような評価をしてくれない人、自分を自分が思っているように扱ってくれない人のことを嫌いになります。

要するに、相手の自分に対する評価が気に入らないとき、その人を嫌うのです。だから、あなたが、自分の価値を他人の評価によって計っているかぎり、嫌いな人の数は減らないでしょう。あなたが、自分で自分の価値を実感する習慣を身につけていくとき、嫌いな人の数は減っていきます。

それでも、まだ、避けたい気持ちは残るものです。大量の未完了をかかえた人は、人を傷つけたり、おとしめたりすることで、自分の中の痛みを解消しようとしますから。そういう人を嫌いだと感じるのは、むしろ正常なことです。

わたしにも、嫌いな人の存在に悩まされた経験があります。そのとき、わたしが試みたひとつの方法は、嫌いだという感情を押し殺して、それなりにうまくつき合っていくことでした。確かに、わたしたちにはそういう感情を押し殺してしまう能力があります。そしてそれは、一見、常識的で、大人らしいつき合い方のように見えます。でも、それは、じつに恐ろしい方法だと、いまは思っています。嫌いだという感情を押し殺したまま、一見、うまくつき合っていても、ちっとも安心できなかったからです。

そのとき、コミュニケーションは死んでいました。嫌いな人と争っているときより、変な言い方ですが、ずっとずっと死んでいました。

究極的に、コミュニケーションにおいては、安心感が必要だ、安心感のないコミュニケーションはコミュニケーションではないと、そのとき悟ったのです。

多湿なモンスーン地帯に位置する日本では、あまり考えられないことですが、オーストラリアや北米などでは、高温と乾燥から、自然発火による山火事がよく起こります。たいていは、小さな火事ですむのですが、ときに、山全体を焼き尽くすまで、何十日も燃え続けることがあります。

北米のイエローストーンと呼ばれる森林地帯では、この山火事を防止するため、厳重な管理が徹底されていました。どんな小さな発火、火事も見逃さず、素早く鎮火に努めていました。長い間、そこは、まさに山火事防止のモデル地域でした。

ところが、あるとき、まさに突然、山全体が、爆発的に燃え始めたのです。あちらからもこちらからも。まるで、これまで抑えつけられてきた、燃えたい！　というエネルギーが一気に噴き出したかのように。

実際、小さな山火事を繰り返すことが、それらの山にとって自然で完全な姿だったのです。そのサイクルの中で、山は、新陳代謝を繰り返していたのです。悲劇は、そこに、人間が考える勝手な完全さをもち込んだところから生まれました。

あなたには、がまんを重ね、努力を重ね、自分を殺して、嫌いな人と親しくなることもできるでしょう。そして、みんないい人、そう思えるわたしはすばらしいと感じることもできるでしょう。

ただし、ほんのいっときです。いずれにしろ、イエローストーンの山火事のように、一気に爆発するときがきます。

嫌いな人がいるのなら、その人を嫌っている自分を受け入れなさい。そういう自分を受け入れられない自分を受け入れなさい。

「わたしは、あの人のことが嫌いだ。嫌いだということは、嫌いだということで、嫌いだということだ」

「人を嫌っている自分を受け入れられない。受け入れられないということは受け入れられないということで、受け入れられないということだ」

そう繰り返しなさい。それは、あなたが思っている完全さとは違うかもしれませんが、でも、そのことも含めて、じつはあなたは完全なのですから。

PART Ⅳ いまここでのコミュニケーション

第23章　安心感だけが、人を動かします。

心理学の実験に、「さびしいネズミと愛されているネズミ」というのがあります。冷たい囲いの中に、ただ、エサを機械的に与えるだけで、一匹ずつ閉じ込めておいたネズミのグループと、明るい囲いの中で、いつも体をさすったり、声をかけたりして育てたネズミのグループを用意し、同時に、同じ強さの電気ショックを何分かごとに与えるのです。

すると、当然、すべてのネズミがショック状態になりますが、その回復にかかる時間には、明らかな違いがあらわれるそうです。もちろん、愛されているネズミのほうが、すぐにもとに戻ります。

さびしいネズミのほうは、もとの状態に戻るか戻らないかのうちに、再び次の電気ショックが加えられ、それ以後はずっと、張り詰めた状態が続くことになってしまうそうです。

以前、わたしどものセミナーに参加した、小学校の教師の方が、次のような話をしてくれました。

彼女が三年生の担任のとき、ひとり、厄介な男の子がいました。授業中も給食中も、決してじっとしていることがなく、いつもチョロチョロ動き回るのです。決して、ひどいいたずらをするわけではないのですが、とにかく、五分以上、落ち着いて座っていられない。

しばらく、おとなしく座っているのかなと思えば、後ろの子や隣の子に、ちょっかいを出しては、じゃまをします。注意しても注意しても、にこにこ笑うだけで、決して、おとなしくしようとはしません。

彼女は、内心、その子を「チョロキュー」と呼んでいました。チョロチョロするだけではなく、いつも宿題はやってこないし、忘れ物はするし、なんとなく、いつも薄汚く、教師はすべての子どもを同じように愛さなければならないと、頭ではわかっていても、やっぱりどうしても好きにはなれませんでした。

チョロキューのおかげで、彼女は、いつも金切り声を張り上げていなければならず、そんな自分もいやでした。

ああ、この子さえいなければ、わたしが思っていたような理想的なクラスをつくっていけるのに……と、彼女は、ずっと思っていたそうです。

そんな彼女が、夏休みに、セミナーに参加して、新学期を迎えたときです。久しぶりに見る子どもたちの顔が、やけにまぶしく見えました。セミナーに参加したんだから、きっと、子どもたちともっといいコミュニケーションがとれるに違いない、と彼女は張り切っていました。

でも、最初のその日から、相変わらず、チョロキューは、チョロチョロするし、何も変わっていないクラスの状況に、がっかりしてしまいました。

ところが、いつものように、教室を駆け回るチョロキューを取り押さえて、叱ってやろうと、その顔をのぞき込んだとき、はっとしてしまいました。

考えてみたら、その子の顔をちゃんと見たことがなかったことに気がついたのです。見るには見ていたんだけど、見ていなかった。そして、よく見てみたら、あらこの子、けっこうかわいいんだ、そう思ってしまったんです。

そう思ったら、叱りつけるのも忘れて、思わず、その子の両手をとって、同じ目の高さに腰を下ろして、じっと見つめながら、「先生、あんたのこと大好きよ」と言ってしまいました。チョロキューは、それを聞いたとたん、すとんといすに座り込んでしまったそうです。

確かに、その子は、落ち着きのない子だけれど、それだけがその子のすべてではありませんでした。友だちにも親切だし、弱い者いじめなどしない優しい子でした。自分の中で、チョロキューというあだ名をつけていたときには見えなかった、チョロキュー以外の、その子のほかの側面が見えてきたのです。

そうしたら、かつてのように、ただただ、「やめなさい！　静かにしなさい！」と怒鳴り続けることができなくなったというのです。

それ以来、その子が騒ぎ出すと、彼女は、つかつかと近づいていって、その子の両手を握り、じっと目を見て、「先生、あんたのこと、好きよ」と言うようにしたそうです。そうするときだけ、チョロキューは静かになりました。でも、それ以外は、相変わらず。それでも、彼女は、諦《あきら》めませんでした。そうして、「あんたのこと、好きよ」と、言い続けました。

やがて、二学期が過ぎ、三学期も半ばに差しかかったころ、チョロキューは、チョロキューでなくなっていました。いつのまにか、チョロチョロしなくなったのです。

彼女は、その日を待ちに待っていたはずなのに、なんだかとてもさびしくなったそうです。

そこで、チョロキューに言いました。

「あんた、このごろ、チョロチョロしなくなったね」

彼女から安心感を与えられた、その男の子は、もはやチョロチョロする必要はなくなったのでしょう。チョロチョロすることで、何かを表現し、訴え、求める必要はなくなったのでしょう。チョロキューは、こう答えたそうです。

「ぼく、先生に毎日、大好きだよって言われて、すごくうれしかった。いままでそんなふうに言われたことなかったから。だれも言ってくれなかったから」

安心感だけが人を動かします。人を責めたり、裁いたり、評価したり、批判するのは、あなたの仕事ではありません。いずれにしろ、それらによって、相手を変えることはできません。だれもあなたの期待に添うために生まれてきているのではないのですから。

人に変化を強要しても、ただ、反感を買うだけです。それが、どんなに正しく、相手にとって、いいと思われることであったとしても。

大きくなあれ。

安心感だけが人を動かします。助言や忠告が役に立つと思うなら、自分自身にしなさい。あなたが人に与えうるのは、そして、人があなたに望んでいるのは、安心感だけです。

第24章 感動、それが、わたしたちが生きる目的であり、コミュニケーションの目的です。

あるとき、講演のあとで、質問を受けました。

「どんなときに、子どもをほめたらいいんでしょうか?」

「はあ。ぼくは、自分の子どもに対しては、気が向いたときに、ほめてます」

「気が向いたときですか?」

「ええ」

「それじゃあ、まずいんじゃないでしょうか?」

(正直言って、このとき、またか、という感じをもちました。わたしとしては、聞かれたから答えたのであり、質問者の意見は、別に求めてはいないのです。たいてい、質問というのは、知らないから聞くというのではなく、自分の答えを用意して、それを確認するために聞いてくるものなのでしょうが)

「はあ」とわたし。

「発達心理学では、子どもをよい方向に向けるために、叱ること、ほめることを、きちっと使い分けなければならないと言ってますが」

「ああ、そうですか」

質問者は、今度は、わたしの態度が気に入らなかったらしく、少々むっとした表情で、質問を変えました。

「では、どんなときに叱りますか?」

「叱らない」

「どうして?」

「嫌われるから」

質問者は、ますますむっとして、質問を続けます。

「それじゃあ、どんなときに気が向いて、ほめるんですか?」

「たとえば、子どもの後ろ姿に哀愁を感じるときなんか、いい後ろ姿だねえ、なんて、ほめます」

今度はあきれ顔で、

「それに、どんな意味があるんですか?」

「とくに意味はありません」

「理解できませんね」

「あなたの考え方と違うということですか？」

「どうして、背中なんかほめるんですか？」

しばらく間をおいて、その人を見ながら話しました。

「子どもが生まれたとき、とてもうれしかったんです。その子が生まれたということが、至福でした。いまだって、この子が生きている、ということがすばらしいことに思えます。その子が存在することが、何よりすばらしいことだと感じるのです。だから、いつだってほめます。わたしの状態さえよければ」


どうして特別なことをしないとほめられないというのが常識になってしまったのでしょうか？　生まれてきただけで、けっこうなことだというのに。何に感動するかといって、あなたがこうして存在している以上の奇跡なんて世の中にあるわけないというのに。

だから、子どもが生まれてきたら、とりあえず息をして動いていれば、それだけで十分ほめる価値があるとわたしは思います。

コミュニケーションの目的とは、お互いを安心させ、お互いを勇気づけ、元気づけることです。

なぜなら、わたしたちはたったひとりで生存できるわけではないからです。まわりの人をいかに生き生きさせるかということが、あなたがより豊かに生きていく、もっとも効果的で確実な方法だからです。

つまり、まわりが沈み込んでいたり、落ち目になっていってしまったら、あなたの生存も基本的に危ぶまれていくのです。

これは、国家間の外交戦略から、わたしたちの体をつくる細胞レベルにまで共通して言えることです。

自国の平和のためには、まわりの国々もうまくいっていたほうがいい。そして、ある臓器の細胞が生き残るためには、どこかの臓器の細胞が癌《がん》化してしまったりしないように、互いに元気づけ合っていることが必要なのです（もちろん、細胞間のコミュニケーションというのは、わたしたちが交わしているようなものとは随分異なりますが、でも確かに、コミュニケーションを交わしているのです）。

では、元気づけるというのは、具体的にはどういうことかというと、ひと言で言えば、「感動」です。結局のところ、わたしたちがコミュニケーションを交わす目的は、相手に感動を与えたいというところに行きつきます。

感動こそが生きていることの源だからです。もちろん、ここでいう感動とは、お涙ちょうだいの話とかテレビとか小説の中にあるような感動ではありません。そうではなくて、「よく、生まれてきたね」とか「きょうも生きているね」「きみがそこにいるんだね」というような感動です。そういうところに感動を感じられないとしても、それは、感動が存在しないのではなく、ただ、それを感じ取れない心理状態にあるからにすぎません。

あるとき、わたしどものセミナーに参加した三十半ばくらいの女性がいました。その人は、どちらかというと、ああでもない、こうでもないと、文句の多い人でした。実際、セミナーが終わった後、よくなかったと言う人が二%くらいいるものなのですが、彼女は、その二%の中のひとりでした。

で、よくなかった、時間とお金のむだだったと、さんざん悪態をついて、帰っていきました。なにしろ、二週間くらいして、やっぱりよくなかったとわざわざ電話をくれるような人でしたから。

その彼女から、セミナーが終わってちょうど三週間目に、スタッフのところに電話がかかってきました。

「どうしたんですか?」

「セミナー、よかったと思うようになりました」

「何がよかったんですか?」

「わたしは、あなたもよくご存じのように、だれにも愛されてないということに関しては、自信をもって生きてきた人間です」

「で?」

「それが、どうも違ったようなんです」

「何がどう違ったんですか?」

彼女は、次のような話をしてくれたそうです。

セミナーを終えて少したったころ、いつものように台所に立っていると、三歳になる娘が寄って来て、「ねえねえねえ、おかあさん」と、エプロンにしがみついてくるんです。まあ、いつものことですので、台所仕事を続けたまま、「何よ」と聞くと、「あたしねえ、いま、あることを思ったの」と言います。またかと思い、「だめよ、セーラームーンのおもちゃは、この間買ってあげたでしょ、もうだめよ」とか、「おやつの時間はまだでしょう」とか、適当に答えていました。

すると、娘は、「そんなんじゃないのよ。あたし、あることを思ったの、当ててよ」と、得意そうに言います。「当ててよ」は、最近の娘の十八番なので、少々うんざりして、適当にあしらおうとしたんですけど、あんまりしつこいので、とうとう根負けして、腰を屈めて、娘の目の高さになって、聞いてあげました。

「何思ったのよ」

「あること、思ったの」

「何思ったの？　おかあさん、降参」

「じゃあ、教えてあげる。あたしね、こう思った」

「何？」

「おかあさんのこと好き、って思ったの」

「へー……」

「何回、思ったかわかる？」

「え？ 一回じゃないの？」

「ううん、もっと」

「じゃあ、三回」

「ううん、もっと」

「じゃあ、五回」

「ううん、十回。あたし、おかあさんのこと好きって、十回、思ったの」


最後のほうで、電話の向こうの彼女の声は、涙ぐんでいました。その日、その娘の上の、五歳になる娘のあとでお風呂《ふろ》に入ったら、湯気で湿った鏡に、ハートが描いてあって、その中に、「おかあさん、だいすき」と書かれていたそうです。

三歳の子どもでも、母親の目を覚ます力をもっています。だれでも、人を感動させたり、励ます力をもっているのです。ただ、そういうことが大切なんだという認識をもっていくのでなければ、そして、そのことに目を向けていく感受性が眠ったままであるのならば、その力が遣われることはないでしょうが。

感動、安心感、共感、勇気づけ、これらは別々の体験ではありません。ひとつの象

徹的な体験についた名前の違いです。安心がなければ感動もありません。感動がなければ安心もないのです。

ぼくが今、何を考えてるかわかる？
わかるけど言わなくていい。
おもちゃ

第25章　いまをつかまえるために。

子どものころ、朝はいつも、どんどんどんと階段を駆け上がってくる、体重七十キロの母親の足音で始まりました。

足音がわたしの部屋の前で止まるやいなや、バーンと引き戸が開かれて、ふとんがはねあげられます。

「早く、起きなさい！」

たった今まで寝ていたのですから、早く起きるもなにもあったもんじゃないのですが、どうにか、ふらふら立ち上がると、今度は、「早く着替えて！」の声。パジャマのボタンをのろのろはずしにかかると、突然手がのびてきて、「早くしなさい」と、わたしの手を払いのけ、ボタンをはずし、パジャマを脱がせてしまいます。

どうにか着替えて、少しずつ目が覚めていく感じを味わいながら、洗面所で歯を磨いていると、再び、どしどしという母の足音。「遅いわよ！」。言うが早いか、後ろから、歯ブラシをもったわたしの手をつかんで、「こうやるのよ」と、ゴシゴシ動かし始めます。

もちろん、朝ご飯も、「早く食べなさい！」の号令に、のんびり食べてはいられません。で、ランドセルをいじっていれば、「早く行きなさい！」。

ようやく、ランドセルの横に笛をさし、そこに給食袋をぶら下げて、よし！　とばかりに出かけようとすると、「早く帰ってくるのよ！」です。


学校から帰ってきて、遊びに出かけるときも、

「いい！　早く帰ってくるのよ」

夕飯を食べているときも、

「早く食べなさい！」

テレビを見ているときも、

「早くお風呂に入りなさい」

お風呂に入ったら入ったで、ゆったり船のオモチャで遊んでいると、

「早く出なさい」

いよいよ寝る時間になって、ふとんの中で本を読んでいると、

「早く寝なさい」

そして、最後が、

「明日早く起きるのよ！」です。


早く！　速く！　正確に！　間違わずに！　……わたしは、「いま」を感じている暇を与えられなかったし、その方法も教えられてきませんでした。自分が、いま、何を感じているのかさえも、気づかずにいました。頭の中は、次にやるべきこと、次に出会う人、次に言うべきこと……それだけでいっぱいでした。

「いま」というものの豊かさに気づくのは、ずっとずっと、後になってからのことです。


わたしたちは、いつも急いでいて、自分が何を感じているかにすら、気づく暇がありません。そして、ただ用意されたこと、頭の中で考えたことをコミュニケートするのに追われています。それが、わたしたちが、コミュニケーションを交わしていてもどこかさびしい、どこか生き生きとした実感がないことの理由です。

今、この瞬間を大切にしようよ。

あした朝早いんだよね。

言い替えれば、それは、わたしたちが「いま、ここ」でのコミュニケーションを交わしていないからです。

概念化した、つまり、頭の中で思っていることをお互いにしゃべっているかぎり、それは時間とは関係ありません。思考が追いかけることができるのは過去と未来だけ。過去を分析したり、未来を予測して安全を保証したりすることはできますが、いまという瞬間をとらえることはできません。

それは、思考ではなく、感受性でつかまえるものだからです。「いま、ここ」というのは、感受性の領域だからです。そして、人が生きている実感、だれかといっしょにいるという実感をもつことができるのは、常に、いまここでのことだからです。

だから、いまここでのコミュニケーションが交わされていないと、たとえ、ことばがたくさん飛び交っていたとしても人は互いに疎外感に陥ります。どんなにたくさんの人に囲まれていても、ひとりぼっちになります。

客観的な情報交換なら、機械が相手でもいいからです。仕事の話に必要なのは、あなたという個人ではなく、あなたが職場でもっている役割だからです。よく私的な一対一のコミュニケーションの場に、客観的な情報や仕事の話をもち込む人がいますが、相手は、あたかも機械を相手に話しているような気がしてきて、やがて疎外感に陥ります。お互いが何を感じているかという、いまここでのお互い自身の情報を交換していかないとだめなんです。「いま、ここ」というときが失われてしまうのです。

会社の同僚と仕事が終わって別れるとき、いつも、もうこれで二度と会えないかもしれないというところから別れることができたら、千回目の朝日にも、千回目の子どもの笑い声にも、はじめて見たり聞いたりしたときと同じように感動することができたら……。

わたしたちは、つい、それはこういうもの、あの人はそういう人、自分はこういう人というレッテルの中で、やっていこうとしてしまいます。それは一見、楽で、合理的で安全な生き方だからです。

でも、実際には、明日も必ずその人に会えるという保証はなく、会えたとしても、明日のその人はきょうのその人とは違う。きょうの朝日の光景は、きのうの朝日の光景とは、まったく同じではありえないし、子どもの笑い声だっていつも違う。「いま、ここ」という瞬間は、いまここにしかないのですから。

早く、正確に、間違わずに、負けないように……それらの声に駆り立てられて、つい、いまここでの自分を見失いそうになってしまうとき、わたしは、はっと立ち止まります。

そして、いま、自分が目の前の人にどんなレッテルを貼っているのか、自分は何を感じたか、何を感じないようにしているか、自分をどう見せようとしているのかを観てみるのです。

批判や判断を加えず、ただ、観てみるのです。「いま」という瞬間を失わないために。「いま、ここ」にしかない感動を逃してしまわないために。

「いま、ここ」——エピローグ

わたしたちは、「いま、ここ」という瞬間を確かに体験しています。けれども、それが実感としてもてないでいると、なんとなく無力感を感じてしまいます。「いま、ここ」という瞬間は、ことばでとらえることもできなければ、思考の網にもかかりません。それは、風に似ています。風をつかまえようと、プラスチックの袋を用意したものの、風をつかまえたと思った瞬間、それはもう風でなくなってしまっているように。「いま、ここ」という瞬間は、心の深い静寂と、豊かな感受性によって体験されるものなのでしょう。

ソーントン・ワイルダーの『わが町』という劇の中で、主人公のエミリーは、一度死んだ後、神様に無理に頼んで十六歳の誕生日に戻してもらいます。そして、こんな台詞《せりふ》を言います。

「ああ、この世界って、なんてすばらしいの！　木の緑、風、光、そして、洗ってアイロンのかかった綿のシャツの肌触り、お風呂のお湯の温かさ……」

「おとうさんもあんなに若くて、おかあさんもとても若い。なのに、ふたりとも、お互いを見ようともしない」

「ああ、だれも、この世界のすばらしさになんか、気づいていないんだわ。とても忙しくて、いまのすばらしさに気がついていないんだわ」

台詞は、うろ覚えで正確ではありません。ただ、この台詞を聞いたときの、まるで胸が締めつけられるような衝撃はいまも克明に覚えています。

どこかに自分を置き忘れてきてしまったような気がしました。自分が身近にいる大切な人たちを無視してきたことに思い当たりました。

自分の存在理由を探したり、自分の存在を証明することばかりに忙しくて、いま、こうして生きていることのすばらしさを感じる暇もない。

毎日、人と顔を合わせていても、その人に目を向けている時間なんて、数秒もあればいいほうで、ほとんどの時間、終わってしまったことや将来のことを、あれやこれやと考えていたように思ったのです。

もちろん、いまでも大差はありません。知らず知らずのうちに、世界を自分の内側でつくりあげてしまい、現実の世界を見ていません。見ているふり、聞いているふりをしながら、ほとんど関わりがもてていないように思うのです。

こうした内向した状態から、外に目が向き、自分の外側とのコミュニケーションが交わされたとき、わたしたちは、自分を取り戻し、正気に戻ることができるのでしょう。相手は、人間だけでなく、動物や植物、建物でもいい。それらとコミュニケーションが交わされることで、こころの静寂と豊かな感受性を取り戻し、深い安心感の中で、「いま、ここ」を感じることができるのだろうと思います。

本作品は一九九五年二月、小社より刊行された『こころの対話』を改題し、再編集しました。

伊藤　守—1951年に生まれる。日本大学を卒業後、1980年、（株）ｉBDを設立。コミュニケーションをテーマとするセミナーや講演会、企業・団体の研修などに活躍中。現在まで、約３万人の人々と関わってきた体験をもとに執筆した著書の数々は、鋭い洞察と人を励ます力に満ち、多くの愛読者の支持を得ている。
著書には、『今日を楽しむための100の言葉』『君よ、物語を語れ』（以上、ディスカヴァー21）、『きっと、うまくいくよ』（大和書房）、『今の自分が本当のあなたです』（講談社）などがある。ホームページアドレスは、http://www.itoh.com

講談社＋α文庫　こころの対話《たいわ》　25のルール

伊藤《いとう》　守《まもる》　

2000年９月20日第１刷発行
2021年９月30日第15刷発行

発行者————鈴木章一
発行所————株式会社　講談社
東京都文京区音羽2-12-21　〒112-8001
電話　編集(03)5395-3522
販売(03)5395-4415
業務(03)5395-3615

イラスト————フジモトマサル
デザイン————鈴木成一デザイン室
カバー印刷————凸版印刷株式会社
印刷————株式会社新藤慶昌堂
製本————株式会社国宝社

KODANSHA

落丁本·乱丁本は購入書店名を明記のうえ、小社業務あてにお送りください。
送料は小社負担にてお取り替えします。
なお、この本の内容についてのお問い合わせは
第一事業局企画部「＋α文庫」あてにお願いいたします。
Printed in Japan ISBN4-06-256459-9
定価はカバーに表示してあります。

講談社+α文庫 Ⓐ生き方

*クイズで入門　日本の仏像
田中ひろみ
クイズに答えるうちに仏像の基礎知識が自然に身につく！　有名仏像をイラストで網羅！
580円 A 114-2

会いに行きたい！　日本の仏像
田中ひろみ
国宝からちょっと変わった面白い像まで。一度は見ておきたい仏像50体とその見どころを紹介
630円 A 114-3

ココロと体に無理をせず「オシャレに暮らす」コツ43
金子由紀子
「素敵」が手に入る本！　ひとり暮らし・家族暮らし初心者必読の、時間・スペース術！
648円 A 116-1

暮らしのさじ加減　ていねいでゆっくりな自分にちょうどいい生活
金子由紀子
世の中の動きにかき乱されないでしっかりと自分らしい暮らしを生きていく素敵な知恵一杯！
600円 A 116-2

ひとりではじめる老い支度
岡田信子
人生はいくつからでもやり直せる！　五〇代でひとり帰国した著者の健康、お金の知恵！
619円 A 118-1

おそうじ風水でキラリ☆幸運になる！
林　秀静
トイレは金運、風呂はモテ運。モノを捨てて大開運。人気著者が説く「運は見た目が大切！」
552円 A 119-1

*「もてスリム」ダイエット　読むだけでやせる！
戸田晴実
夕食はご飯をやめてステーキを！　モデルも実践！　脂肪をためない科学的ダイエット！
552円 A 120-1

つきあいベタでいいんです　気疲れしない交際術
平野恵理子
友達は少ないほうです。だからこそ、大切に末永くつきあうための小さな心配りが必要
571円 A 121-1

魂にメスはいらない　ユング心理学講義
河合隼雄
谷川俊太郎
心はなぜ病むのか、どうすれば癒《い》えるのか、死とどう向きあうか。生の根源を考える名著
800円 A 122-1

昔話の深層　ユング心理学とグリム童話
河合隼雄
人間の魂、自分の心の奥には何があるのか。ユング心理学でかみくだいた、人生の処方箋
940円 A 122-2

*印は書き下ろし・オリジナル作品

表示価格はすべて本体価格（税別）です。本体価格は変更することがあります

講談社+α文庫 Ⓐ生き方

笑顔で生きる 「容貌障害」と闘った五十年
藤井輝明
「見た目」が理由の差別、人権侵害をなくし、誰もが暮らしやすい社会をめざした活動の記録
571円 A 134-1

よくわかる日本神道のすべて
山蔭基央
歴史と伝統に磨き抜かれ、私たちの生活を支えている神道について、目から鱗が落ちる本
771円 A 135-1

日本人なら知っておきたい季節の慣習と伝統
山蔭基央
日本の伝統や行事を生み出した神道の思想や仏教の常識をわかりやすく解説
733円 A 135-2

1日目から幸運が降りそそぐプリンセスハートレッスン
恒吉彩矢子
人気セラピストが伝授。幸せの法則を知ったあなたは、今日からハッピープリンセス体質に！
657円 A 137-1

家族の練習問題 喜怒哀楽を配合して共に生きる
団士郎
日々紡ぎ出されるたくさんの「家族の記憶」。読むたびに味わいが変化する「絆」の物語
648円 A 138-1

カラー・ミー・ビューティフル
佐藤泰子
色診断のバイブル。あなたの本当の美しさと魅力を引き出すベスト・カラーがわかります
552円 A 139-1

宝塚式「ブスの25箇条」に学ぶ「美人」養成講座
貴城けい
ネットで話題沸騰！ 宝塚にある25箇条の〝伝説の戒め〟がビジネス、就活、恋愛にも役立つ
600円 A 140-1

大人のアスペルガー症候群
加藤進昌
成人発達障害外来の第一人者が、アスペルガー症候群の基礎知識をわかりやすく解説！
650円 A 141-1

恋が叶う人、叶わない人の習慣
齋藤匡章
意中の彼にずっと愛されるために……。あなたを心の内側からキレイにするすご技満載！
657円 A 142-1

イチロー式 成功するメンタル術
児玉光雄
臨床スポーツ心理学者が解き明かす、「ブレない心」になって、成功を手に入れる秘密
571円 A 143-1

表示価格はすべて本体価格（税別）です。本体価格は変更することがあります

講談社+α文庫 Ⓐ生き方

ココロの毒がスーッと消える本
奥田弘美
人間関係がこの一冊で劇的にラクになる！ 心のエネルギーを簡単にマックスにする極意!!
648円 A 144-1

こんな男に女は惚れる 大人の口説きの作法
檀　れみ
銀座の元ナンバーワンホステスがセキララに書く、女をいかに落とすか。使える知識満載！
590円 A 145-1

「出生前診断」を迷うあなたへ
子どもを選ばないことを選ぶ
大野明子
2013年春に導入された新型出生前診断。この検査が産む人にもたらすものを考える
690円 A 146-1

誰でも「引き寄せ」に成功するシンプルな法則
水谷友紀子
夢を一気に引き寄せ、思いのままの人生を展開させた著者の超・実践的人生プロデュース術
600円 A 148-1

私も運命が変わった！ 超具体的「引き寄せ」実現のコツ
水谷友紀子
引き寄せのコツがわかって毎日が魔法になる！ 〝引き寄せの達人〟第2弾を待望の文庫化
670円 A 148-2

質素な性格
吉行和子
簡単な道具で、楽しく掃除！ 仕事で忙しくしながらも、私の部屋がきれいな秘訣
580円 A 149-1

ホ・オポノポノ ライフ
ほんとうの自分を取り戻し、豊かに生きる
カマイリ・ラファエロヴィッチ
平良アイリーン＝訳
ハワイに伝わる問題解決法、ホ・オポノポノの決定書。日々の悩みに具体的にアドバイス
890円 A 150-1

100歳の幸福論。
ひとりで楽しく暮らす、5つの秘訣
笹本恒子
100歳の現役写真家・笹本恒子が明かす、ひとりでも楽しい〝バラ色の人生〟のつくり方！
830円 A 151-1

表示価格はすべて本体価格（税別）です。本体価格は変更することがあります